古典文獻研究輯刊

三六編

潘美月・杜潔祥 主編

第 5 冊

群書校補（三編）
——傳世文獻校補（第三冊）

蕭 旭 著

國家圖書館出版品預行編目資料

群書校補（三編）——傳世文獻校補（第三冊）／蕭旭 著 --
初版 -- 新北市：花木蘭文化事業有限公司，2023〔民112〕
目 4+146 面；19×26 公分
（古典文獻研究輯刊 三六編；第 5 冊）
ISBN 978-626-344-263-4（精裝）
1.CST：古籍 2.CST：校勘
011.08   111022049

古典文獻研究輯刊
三六編　第五冊　　　　　　　　ISBN：978-626-344-263-4

群書校補（三編）
　——**傳世文獻校補**（第三冊）

作　　者	蕭旭
主　　編	潘美月、杜潔祥
總 編 輯	杜潔祥
副總編輯	楊嘉樂
編輯主任	許郁翎
編　　輯	張雅淋、潘玟靜　美術編輯　陳逸婷
出　　版	花木蘭文化事業有限公司
發 行 人	高小娟
聯絡地址	235 新北市中和區中安街七二號十三樓
	電話：02-2923-1455／傳真：02-2923-1452
網　　址	http://www.huamulan.tw 信箱 service@huamulans.com
印　　刷	普羅文化出版廣告事業
初　　版	2023 年 3 月
定　　價	三六編 52 冊（精裝）新台幣 140,000 元

群書校補（三編）
——傳世文獻校補（第三冊）

蕭旭 著

傳世文獻校補

《慎子》校補

一、許富宏《慎子集校集注》依錢熙祚《守山閣叢書》本（世界書局 2009年版）作底本，廣校各本，彙集以下各家校注：

（1）晉滕輔注；

（2）明慎懋賞注；

（3）王斯睿《慎子校注》，民國 23 年版上海商務印書館排印本（引者按：書名是《慎子校正》，民國 24 年出版）；

（4）方國瑜《慎懋賞本慎子疏證》，民國 23 年版東方文化書局排印本（引者按：亦刊於《金陵學報》第 4 卷第 2 期，1934 年出版；收入《方國瑜文集》第 5 輯，雲南教育出版社 2003 年版）；

（5）蔡汝堃《慎子集說》，民國 29 年版上海商務印書館排印本；

（6）錢基博《慎子校讀記》，收入《名家五種校讀記》，臺灣廣文書局 1970年初版；

（7）徐漢昌《慎子校注及其學說研究》，臺灣嘉新水泥公司文化基金會1976 年印行；

（8）譚樸森《慎子逸文》，英國牛津大學出版社 1979 年版；

（9）阮廷焯《慎子考佚》，臺灣鼎文書局 1980 年版（引者按：也作「阮廷卓」）；

（10）王叔岷《慎子佚篇義證》，收入《先秦道法思想講稿》，中華書局 2007年版（引者按：王氏又易題名作《〈群書治要〉節本〈慎子〉義證》，收入《慕廬論學集（一）》，中華書局 2007 年版）。

二、以下幾種著作許富宏未及：

（1）洪頤煊《讀書叢錄》卷 14《慎子》，收入《續修四庫全書》第 1157 冊，上海古籍出版社 2002 年版；

（2）孫毓修《慎子內篇校文》，《四部叢刊》初編本（按：孫氏此文係全襲錢氏《守山閣叢書》本校語〔註1〕）；

（3）讀慎齋《慎子校正》，上海《大公報・圖書副刊》第 130 期，1936 年 5 月 14 日出版（此文吾未見）；

（4）王利器《方國瑜著〈慎懋賞本慎子疏證〉補證》，重慶《讀書通訊》（半月刊）1944 年第 83 期（按：王利器另有《〈慎子疏證〉補證》，《經世日報・讀書週刊》第 9 期，1946 年 10 月 9 日出版，此文吾未見，不知二文是否相同）；

（5）方國瑜《錢熙祚〈慎子〉校本補校》，收入《方國瑜文集》第 5 輯，雲南教育出版社 2003 年版；

（6）阮廷卓《慎子斠補》，《大陸雜誌》第 31 卷第 12 期，1965 年出版；又收入《大陸雜誌語文叢書》第 2 輯第 3 冊《校詁札記》，大陸雜誌社編輯委員會編輯 1970 年版。

《威德》校補

許富宏曰：篇名曰「威德」，意即有德自威。

按：許說殊誤。「威德」是平列結構，秦漢人習語。威指權勢，德指恩惠。《管子・任法》：「重愛曰失德，重惡曰失威，威德皆失，則主危也。」

（1）毛嬙西施，天下之至姣也。衣之以皮倛，則見之者皆走；易之以玄緆，則行者皆止

滕輔曰：荀卿曰：「仲尼之狀面若蒙倛。」緆謂細布。

王叔岷曰：倛，《說文》作「䫏」，云：「䫏，醜也，今逐疫有䫏頭。」段注：「此舉漢事以為證也。《周禮・方相氏》注云：『冒熊皮者以驚毆疫癘之鬼，如今魌頭也。』」《類聚》卷 18、《長短經・是非篇》、《文選・神女賦》及《四子講德論》李善注引皆作「倛」。《荀子・非相篇》：「仲尼之狀，面如蒙倛。」楊倞注引亦作「倛」。此文滕注引《荀子》作「倛」。「倛」乃「倛」、「䫏」之

〔註 1〕 參見王利器《方國瑜著〈慎懋賞本慎子疏證〉補證》，重慶《讀書通訊》第 83 期，1944 年版，第 16 頁。

合體，別體又作「魌」也。

阮廷卓曰：緆，《文選‧神女賦》注、《美女篇》注、《四子講德論》注、《御覽》卷 381、《天中記》卷 21 引並作「錫」。緆、錫，正、叚字〔註 2〕。

許富宏曰：俱，《治要》本作「傁」。《御覽》卷 381 引作「褐」。《類聚》卷 18「俱」上衍「褐」字。

按：皮俱，《文選‧神女賦》李善注引作「支俱」，又《四子講德論》李善注引作「皮帗」，王叔岷並失檢。「支」是「皮」形誤，「帗」是「俱」形誤。惠士奇曰：「《夏官‧方相氏》：『方相氏歐疫蒙熊皮，黃金四目。』注云：『如今魌頭也。』《荀子》曰：『仲尼之狀，面如蒙俱。』俱與魌通。魌一作頦，《淮南子》曰：『視毛嬙西施，猶頦醜也。』《說文》云：『今逐疫有頦頭。』」〔註 3〕段玉裁曰：「此頦之本義。此舉漢事以為證也。《周禮‧方相氏》注云：『冒熊皮者以驚歐疫癘之鬼，如今魌頭也。』《淮南書》：『視毛嬙、西施猶頦醜也。』高注云：『頦，頦頭也。《方相氏》：「黃金四目。」衣赭，稀世之頦貌。頦醜，言極醜也。』《風俗通》曰：『俗說亡人魂氣游揚，故作魌頭以存之，言頭魌魌然盛大也。或謂魌頭為觸壙，殊方語。』按魌、頦字同。頭大，故从頁也，亦作傁。」〔註 4〕《子華子‧大道》：「今有美麗佼好之人，人之所同悅也。然而蒙之以俱首，則見之者棄之而走。」毛嬙，楊倞注引作「毛廧」，同。西施，《文選》李善注二引並作「先施」，且云：「先施、西施一也。」美女「先施」之名，又見於《文選‧七發》：「使先施、徵舒、陽文、段干、吳娃、閭娵傅予之徒。」李善注：「先施，即西施也。」秦漢其他典籍皆作「西施」。洪頤煊曰：「今本作『西施』是後人所改。」〔註 5〕洪說未得其實。《呂氏春秋‧不侵》「君不若使人西觀秦王」，《戰國策‧齊策四》「西」作「先」。《史記‧趙世家》「反至分、先俞於趙」，《集解》引徐廣說引《爾雅》「西俞」說之，《正義》：「西、先聲相近。」古地名「西零」即「先零」。《匡謬正俗》卷 8：「西，今俗呼東西之西，音或為先。」至姣，《治要》卷 37、《長短經》、

〔註 2〕阮廷卓《慎子斠補》，收入《大陸雜誌語文叢書》第 2 輯第 3 冊《校詁札記》，1970 年版，第 26 頁。
〔註 3〕惠士奇《禮說》卷 11，收入《叢書集成三編》第 24 冊，新文豐出版公司 1997 年版，第 408 頁。所引《淮南子》見《精神篇》，高誘注：「頦醜，言極醜也。」
〔註 4〕段玉裁《說文解字注》，上海古籍出版社 1981 年版，第 422 頁。《風俗通》見《御覽》卷 552 引，「游揚」作「浮揚」，「言頭」下有「體」字。段氏脫誤。
〔註 5〕洪頤煊《讀書叢錄》卷 14《慎子》，收入《續修四庫全書》第 1157 冊，上海古籍出版社 2002 年版，第 683 頁。

《類聚》卷 18、《御覽》卷 381 引同，《四子講德論》李注引脫「至」字，《神女賦》李善注引誤作「美妓」。緆，《長短經》引同，《類聚》卷 18 引作「**禓**」。古代治麻布，加錫灰使之細膩滑潤，故名此細布為錫，製專字從衣作緆，或從麻作繐〔註6〕。「**禓**」是「緆」形譌，乃「緆」借字。

（2）走背跋蹻窮谷，野走千里，藥也

徐漢昌曰：跋，草行也，言行路難也。

王叔岷曰：蹻，《說文》作趬，云：「趬，趨趬也。」《繫傳》：「趬猶躍也。」《廣雅》：「蹻，拔也。」然則「跋蹻」猶「拔蹻」也。

許富宏曰：跋，踏草而行或越山過嶺。蹻，疑即「蹻」，跳過。

高流水、林恒森以「窮谷野，走千里」句，曰：跋蹻，跋涉。蹻有登、行的意思，一說是古「涉」字。藥，同「約」，拘束〔註7〕。

按：王說是也。「拔」言上躍。蹻，字亦作蹻。《方言》卷 13：「蹻，行也。」郭璞注：「言跳蹻也，音藥。」又「蹻，拔也，出火為蹻。」郭璞注：「蹻，踶躍。蹻一作蹻。」《說文》「趨趬」即「跳躍」音轉。「藥」謂服藥之狂疾。徐說非是。許富宏、高流水讀「跋」如字，望文生義；高氏未得其讀，又說「蹻是古涉字，藥同約」，則臆說無據。

（3）故騰蛇遊霧，飛龍乘雲，雲罷霧霽，與蚯蚓同

錢熙祚曰：霽，《御覽》卷 933、又卷 947 引作「散」，《後漢書·隗囂傳》注引作「除」。

王叔岷曰：《韓非子·難勢篇》引《慎子》此文作「雲罷霧霽」，王先慎《集解》云：「《初學記》卷 2、《御覽》卷 15、《事類賦》卷 3 引霽作散。」與《御覽》卷 933 引此文同。惟影宋本《御覽》卷 947 引此文「霽」作「除」，與《後漢書》注引同。

阮廷卓曰：《後漢書·張奐傳》〔注〕、《升庵外集》卷 65 引並作「散」，《埤雅》卷 10 引作「除」〔註8〕。

按：霽，《論衡·龍虛》、《長短經·論士》引同，《記纂淵海》卷 71 引作

〔註6〕 參見蕭旭《淮南子校補》，花木蘭文化出版社 2014 年版，第 282 頁。

〔註7〕 高流水、林恒森《〈慎子〉〈尹文子〉〈公孫龍子〉全譯》，貴州人民出版社 1996 年版，第 21 頁。

〔註8〕 阮廷卓《慎子斠補》，收入《大陸雜誌語文叢書》第 2 輯第 3 冊《校詁札記》，1970 年版，第 26 頁。阮氏脫「注」字，逕補。

「散」。許富宏襲取錢說。作「霽」是原本，作「散」、「除」皆以意改之。蚯蚓，《韓子・難勢》、《記纂淵海》卷 71 引作「蟲蟻」，《論衡・龍虛》引作「蟲蟻」，《初學記》卷 2、《御覽》卷 15、《事類賦注》卷 3 引《韓子》作「蟲蟻」。「蟲」同「蚓」，「蟻」同「蟻」。

（4）弩弱而矰高者，乘於風也；身不肖而令行者，得助於眾也

按：矰，《御覽》卷 832 引《韓子》同，《韓子・難勢》引作「矢」，《編珠》卷 2 引誤作「增」。令行，《書鈔》卷 125 引誤作「合行」，《御覽》卷 348 引誤作「行合」。

（5）古者工不兼事，士不兼官

按：《韓子・用人》：「明君使事不相干，故莫訟；使士不兼官，故技長；使人不同功，故莫爭訟。」〔註9〕又《難一》：「明主之道，一人不兼官，一官不兼事。」《淮南子・主術篇》：「工無二伎，士不兼官，各守其職，不得相姦，人得其宜，物得其安。」又《齊俗篇》：「是以人不兼官，官不兼事，士農工商，鄉別州異。」〔註10〕又《說林篇》：「人臣各守其職，不得相干。」皆本於《慎子》之說也。《荀子・解蔽》：「自古及今，未嘗有兩而能精者也。」

（6）立官長以為官也，非立官以為官長也

王斯睿曰：錢氏據《治要》、《御覽》卷 666 刪「長」字。睿按：有「長」字者是也。《呂氏春秋・恃君篇》：「置官長，非以阿官長也。」意與此同。

按：《治要》卷 37、《御覽》卷 266 引下「官長」無「官」字，錢熙祚據刪「官」字，王斯睿誤作「長」。王說謂不當刪，是也，《職官分紀》卷 42、《翰苑新書》前集卷 58、《事文類聚》外集卷 14 引俱脫「官」字。阮廷卓已指出錢熙祚引《御覽》誤作卷 666。王斯睿不曾複檢，許富宏亦照鈔，以訛傳訛。

（7）夫投鉤以分財，投策以分馬，非鉤策為均也

王斯睿曰：錢氏曰：「《御覽》卷 429 引此文，『非』下有『已』字，『已』與『以』通。」

徐漢昌曰：投鉤猶言拈鬮也。《洪武正韻》：「『鉤』與『鬮』同，投鉤猶言

〔註9〕《韓子・飭令》略同。
〔註10〕《文子・下德》同。

－479－

拈鬮。」《荀子・君道》：「探籌投鉤者，所以為公也。」投策，擲棄馬箠也。《黃氏日抄》：「《子華子》曰：『分財賄而投鉤策，非以夫鉤策者為能均也，使善惡多寡無所歸怨也。』鉤，今易以鬮字，當考。」

王叔岷曰：《類聚》卷 22、《御覽》卷 429、638 引「非」下皆有「以」字。《君人篇》作「非以鉤策為過人智也」，亦有「以」字。《荀子・君臣（道）篇》：「探籌投鉤者，所以為公也。」《劉子・去情》：「使信士分財，不如投策探鉤。」

許富宏曰：二「以」，《治要》本、《說郛》本無。策，占卜用的蓍草。徐說投策為擲馬鞭決勝負，亦通。

按：《洪武正韻》卷 6：「『鉤』與『鬮』同，《荀子》：『探籌投鉤。』」其說鈔自《增韻》卷 2。《黃氏日抄》卷 55 亦作「鬮」。「鬮」是「鬮」俗謁字。「投鉤猶言拈鬮」非《正韻》之語。《類聚》卷 22、《御覽》卷 429、638、《記纂淵海》卷 46、61、《黃氏日抄》卷 55 引「投鉤」、「投策」下皆無「以」字。景宋本《御覽》卷 429、《記纂淵海》卷 46「非」下有「以」字，非「已」字，錢氏所據本誤。策，當指算籌，《老子》第 27 章：「善數不用籌策。」《淮南子・詮言篇》：「天下非無信士也，臨貨分財必探籌而定分。」《文子・符言》：「使信士分財，不如定分而探籌。」是「投策」猶言「探籌」也，王叔岷所引《荀子》、《劉子》亦其證。「投鉤」意亦近之，《鹽鐵論・貧富》：「故分土若一，賢者能守之；分財若一，智者能籌之。」此亦分財必探籌之證。《管子・國蓄》：「分地若一，彊者能守；分財若一，智者能收。」「收」是「籌」音謁，諸家未及。

（8）使得美者不知所以德，使得惡者不知所以怨

王叔岷曰：《類聚》、《御覽》引「賜」並作「德」。古佚書《稱》云：「得焉者不受其賜，亡者不怨。」

阮廷卓曰：《說郛》本、《子彙》本「德」並作「美」。「德」與「美」形近而謁，今本作「德」，則義不可通。「怨」當作「惡」，《子彙》本正作「惡」〔註11〕。

許富宏曰：德，《治要》本作「賜」，《說郛》本、《子彙》本作「美」。怨，《子彙》本作「惡」。

〔註11〕阮廷卓《慎子斠補》，收入《大陸雜誌語文叢書》第 2 輯第 3 冊《校詁札記》，1970 年版，第 27 頁。

按：美，各書引同，《御覽》卷 638 引誤作「榮」。《記纂淵海》卷 46、61 引亦作「所以德」。「德」字是，與「怨」對舉，「德」猶言感德、感激。阮說皆非是。

（9）**此所以塞願望也**

王斯睿曰：錢氏曰：「願，《治要》作『怨』，與《御覽》卷 638 引此文合。」

王叔岷曰：「怨望」複語，「願」字誤。

阮廷卓曰：「願」乃「怨」之聲誤，《說郛》本正作「怨」，《類聚》卷 22、《升庵外集》卷 48 引同〔註 12〕。

按：諸說皆是也，《黃氏日抄》卷 55 引亦作「怨」。

（10）**故蓍龜，所以立公識也**

阮廷卓曰：《類聚》卷 22 引「公識」作「公言」〔註 13〕。

按：識，《御覽》卷 429 引同，《類聚》引誤作「言」。

（11）**度量，所以立公審也**

錢基博曰：各本脫此八字，依《類聚》、《御覽》補。

按：《御覽》卷 429 引有此八字，《類聚》卷 22 未引，錢氏失檢，許富宏照鈔，以訛傳訛。

（12）**定賞分財必由法**

許富宏曰：賞，《治要》本作「罪」，慎懋賞本、《四部叢刊》本作「鼎」，《四庫》本缺。

按：「定」下當是「分」字，指名分。諸本以意補之，皆未得。《淮南子·詮言篇》：「天下非無信士也，臨貨分財必探籌而定分。」《文子·符言》：「使信士分財，不如定分而探籌。」

（13）**行德制中必由禮**

〔註 12〕阮廷卓《慎子斠補》，收入《大陸雜誌語文叢書》第 2 輯第 3 冊《校詁札記》，1970 年版，第 27 頁。
〔註 13〕阮廷卓《慎子斠補》，收入《大陸雜誌語文叢書》第 2 輯第 3 冊《校詁札記》，1970 年版，第 27 頁。

王叔岷曰：「制」借為折。《廣雅》：「制，折也。」《淮南子‧詮言篇》：「聽獄制中者，皐陶也。」《尸子‧仁意篇》「制」作「折」。

按：王說至確。《淮南子》「制中」，《韓詩外傳》卷2作「執中」，音之譌也。《長短經‧適變》引《尸子》：「聽訟折衷者，皐陶也。」《管子‧小匡》：「決獄折中，不殺不辜，不誣無罪。」〔註14〕《新序‧雜事四》：「決獄折中，不誣無罪，不殺無辜。」《韓詩外傳》卷10：「決獄折中，臣弗如也。」皆其確證。《禮記‧仲尼燕居》：「子曰：『禮乎禮！夫禮，所以制中也。』」《家語‧論禮》：「子曰：『禮乎！夫禮，所以制中也。』」「制中」亦此誼。慎子言「行德制中必由禮」，與孔子言「禮所以制中」正合。許富宏引《禮記》、《淮南子》，而云：「制中，適中，恰當處理。」非是。

《因循》校補

（1）是故先王見不受祿者不臣，祿不厚者不與入難

王斯睿曰：「入」下，孫依《治要》補「難」字，是也。下「不」下當有「可」字。

王叔岷曰：《長短經》引《慎子》「先王」下有「見」字，乃涉下文「見魯仲子」而衍，不足據。古佚書《稱》云：「不受祿者，天子弗臣也。祿泊（薄）者，弗與犯難。」《管子‧法法》：「爵不尊祿不重者，不與圖難犯危。」《長短經‧是非篇》亦引語曰：祿薄者不可以入亂，賞輕者不可以入難。」

阮廷卓曰：錢熙祚云：「『難』字依《治要》補。」案《治要》所引係「雜」字，非「難」字。「雜」即「難」之訛，錢氏失檢。《長短經》卷3引正作「難」。《尹文子》下篇「不可與入難」文與此同〔註15〕。

譚樸森曰：《尹文子》：「祿薄者不可以經亂，賞輕者不可以入難。」《長短經‧是非》、《管子‧法法》云云。

許富宏曰：「見」諸本皆脫，錢熙祚據《長短經‧是非篇》補。

按：二王說皆是也。譚氏所引《尹文子》，當據《御覽》卷633，《治要》卷37、《意林》卷2引二「以」作「與」。二句《治要》引作「語曰」，蓋引當時諺語也。《長短經》所引語，二「以」作「與」，譚氏失檢，許富宏照鈔，

〔註14〕《呂氏春秋‧勿躬》同。
〔註15〕阮廷卓《慎子斠補》，收入《大陸雜誌語文叢書》第2輯第3冊《校詁札記》，1970年版，第27頁。

而不覆核。《治要》所引確作「難」字，阮氏自誤。

《知忠》校補

（1）治國之人，忠不偏於其君；亂世之人，道不偏於其臣

王叔岷曰：「忠」與「道」為對文，下文「同有忠道之人」，承此「忠」與「道」而言。「道」猶「諂」也。「道人」猶「諂人」，王念孫《史記雜志・趙世家》有說。

許富宏曰：道，此指忠君之道。

按：「趙世家」當作「越世家」，王氏筆誤。王叔岷說是也，然猶未盡。「道」當讀為諂，字亦作導。《漢書・賈山傳》：「是以道諛媮合苟容。」王念孫曰：「道諛，即『諂諛』之轉聲，說見《史記・越世家》。」〔註16〕《史記・越王勾踐世家》：「導諛者眾。」《吳越春秋・勾踐伐吳外傳》作「道諛」。王念孫曰：「導諛，即諂諛也。或作『道諛』，《莊子・天地篇》『道諛之人』是也……《荀子・不苟篇》：『非諂諛也。』《賈子・先醒篇》：『君好諂諛而惡至言。』《韓詩外傳》並作『道諛』。諂與導，聲之轉。」〔註17〕《韓詩外傳》見卷6。《史記・主父偃傳》：「諂諛者眾。」《莊子・漁父》：「希意道（導）言謂之諂，不擇是非而言謂之諛。」《荀子・修身》：「以不善先人者謂之諂，以不善和人者謂之諛。」皆用本字。許君未達訓詁，每妄說之；而於常見義，如「倦」為疲勞義，「被」為及義，「務」為致力義，「常」為恒久義，「放」為放逐義，「盈」為充滿義，等等，則不憚其煩，都引徵例句。如此校書，不如不校。

（2）無遇比干子胥之忠，而毀瘁主君於闇墨之中，遂染溺滅名而死

王叔岷曰：無，猶雖也。「毀瘁」複語，瘁猶毀也。闇墨，猶闇黑。染溺，猶濡溺。惟「染溺」連文，他書無徵。疑「染」乃「沈」之誤。

許富宏曰：遇，《叢書集成初編》本《治要》上欄校曰疑為「過」字。瘁，勞累。毀瘁，毀國君於勞累之中。闇墨，即昏昧不明。染，相對於「墨」而言；溺，相對於「闇」而言。染溺，意即沉溺於昏昧不明之中。

〔註16〕王念孫《漢書雜志》，收入《讀書雜志》卷5，中國書店1985年版，本卷第79頁。

〔註17〕王念孫《史記雜志》，收入《讀書雜志》卷2，中國書店1985年版，本卷第58頁。

按：《治要》舊校疑「無遇」當作「無過」是也。王氏訓「無」為「雖」未得。「毀瘁」王說是，字亦作「毀悴」。漢·蔡邕《陳太丘廟碑銘》：「元方在喪，毀瘁消形。」《後漢書·夏馥傳》：「形貌毀瘁。」《高士傳》卷下作「毀悴」。《晉書·王戎傳》：「或觀奕棋，而容貌毀悴，杖然後起。」墨，讀為黴，今俗字作「霉」。《廣雅》：「默、墨、黴、穮，黑也。」王念孫曰：「默亦墨字也……《說文》：『黴，物中久雨青黑也。』穮之言墨也，字亦作黱，《列子·黃帝篇》：『肌色皯黱。』《釋文》：『黱，《埤倉》作穮，謂禾傷雨而生黑斑也。』今人猶謂傷濕生斑為穮，聲如梅。《莊子·知北遊篇》：『媒媒晦晦。』《釋文》：『李云：媒媒，晦貌。』義與穮亦相近。」〔註18〕字亦音轉作晦、昧、黬。《淮南子·覽冥篇》：「夏桀之時，主闇晦而不明。」《文子·上禮》作「闇昧」。又《說林篇》：「見之闇晦，必留其謀。」《文子·上德》作「黯黬」。「闇墨」即「闇晦」、「闇昧」。王氏疑「染溺」當作「沈溺」，近是。

（3）故孝子不生慈父之家，而忠臣不生聖君之下

滕輔曰：六親不和，有孝慈也。國家昏亂，有貞臣也。

王叔岷曰：《長短經·是非篇》引此文，「義」亦作「家」。《商君書·畫策篇》：「所謂治主無忠臣，慈父無孝子。」蓋直本於《慎子》。

許富宏曰：家，《治要》本作「義」，錢熙祚據《意林》引此文改。

按：《長短經·反經篇》引此文，而非《是非篇》，讀畫齋叢書本作「家」〔註19〕，南宋初年杭州淨戒院刊本、四庫本並誤作「義」，則作「家」者是清人校正，非是舊本。王氏失檢，許君照鈔，而不覆核。《記纂淵海》卷103引《慎子》作「家」〔註20〕。《路史》卷36：「忠臣不顯聖君之代，孝子豈聞慈父之家哉？」

（4）故廊廟之材，蓋非一木之枝也；粹白之裘，蓋非一狐之皮也；治亂安危存亡榮辱之施，非一人之力也

譚樸森曰：《墨子·親士》：「江河之水，非一源之水也；千鎰之裘，非一狐之白也。」

〔註18〕王念孫《廣雅疏證》，收入徐復主編《廣雅詁林》，江蘇古籍出版社1992年版，第688～689頁。

〔註19〕《叢書集成初編》據此本排印，第68頁。

〔註20〕《記纂淵海》據《北京圖書館古籍珍本叢刊》第71冊，書目文獻出版社1998年版，第440頁。四庫本在卷39，誤作「順子」。

　　許富宏曰：粹，《治要》本、慎懋賞本作「狐」，錢熙祚據《意林》引此文改。

　　按：粹白，《文選‧答魏子悌》、《四子講德論》李善注二引，並作「狐白」，《意林》卷2、《類聚》卷95、《御覽》卷766、909引亦作「狐白」。錢熙祚失檢，許富宏照鈔，而不覆核。《呂氏春秋‧用眾》：「天下無粹白之狐，而有粹白之裘，取之眾白也。」《淮南子‧說山篇》：「天下無粹白狐，而有粹白之裘，掇之眾白也。」此當是錢氏改字依據，而誤記出處。銀雀山漢簡《聽有五患》：「麻索易詳之音，非一人之聲也；千金之裘，非一狐之白也；先王之經紀天下，非一人之口（智）也。」《史記‧劉敬叔孫通傳》太史公引語曰：「千金之裘，非一狐之腋也。臺榭之榱，非一木之枝也。三代之際，非一士之智也。」《漢書》引語作「廊廟之材，非一木之枝。帝王之功，非一士之略。」《說苑‧建本》：「千金之裘，非一狐之皮；臺廟之榱，非一木之枝；先王之法，非一士之智也。」《劉子‧薦賢》：「峻極之山，非一石所成；凌雲之榭，非一木所搆；狐白之裘，非一腋之毳；宇宙為宅，非一賢所治。」阮廷卓指出「狐」字不誤〔註21〕。

《德立》校補

（1）立天子者，不使諸侯疑焉；立正妻者，不使嬖妾疑焉；立諸侯者，不使大夫疑焉；立正妻者，不使嬖妾疑焉；立嫡子者，不使庶孽疑焉

　　按：王斯睿、王叔岷讀疑為擬，訓偕、比擬，二氏引《管子‧君臣》「國之所以亂者四，其所以亡者二：內有疑妻之妾，此宮亂也；庶有疑嫡之子，此家亂也；朝有疑相之臣，此國亂也；任官無能，此眾亂也」，《韓子‧說疑》作「孽有擬適之子，配有擬妻之妾，廷有擬相之臣，臣有擬主之寵，此四者，國之所危也」以證，此疑讀擬之確證。下文「疑則動，兩則爭，雜則相傷」，「疑」與「兩」、「雜」對舉，亦足證「疑」是並立、比擬之義。洪頤煊曰：「『疑』即『儗』字，謂匹也，匹即兩也。」〔註22〕「儗」是本字，「擬」亦借字。許富宏不達其誼，偏曰：「疑，疑問。」陋甚。下文「臣疑其君，無不

〔註21〕阮廷卓《慎子斠補》，收入《大陸雜誌語文叢書》第2輯第3冊《校詁札記》，1970年版，第28頁。

〔註22〕洪頤煊《讀書叢錄》卷14《慎子》，收入《續修四庫全書》第1157冊，上海古籍出版社2002年版，第683頁。

危之國；孽疑其宗，無不危之家」，二「疑」字義亦同，許富宏解為「懷疑」，亦誤。《史記‧李斯傳》：「臣聞之，臣疑其君，無不危國；妾疑其夫，無不危家。」即本《慎子》。

（2）疑則動，兩則爭，雜則相傷

王叔岷曰：古佚書《稱》云：「疑則相傷，雜則相方。」方，借為妨。

按：《文子‧上德》：「一淵不兩蛟，一雌不二雄，一即定，兩即爭。」

《君人》校補

（1）是以分馬者之用策，分田者之用鉤，非以鉤策為過於人智也

王叔岷曰：為，猶有也。

按：「以……為」是固定格式，王說非是。

（2）故曰：大君任法而弗躬，則事斷於法矣……是以怨不生而上下和矣

按：《治要》卷37、《永樂大典》卷3007引「躬」下有「為」字，《長短經‧適變》節引作「故曰：夫君任法而不躬為，則怨不生而上下和也」。「夫」當作「大」，「躬」下「為」字則不必有。

《君臣》校補

（1）官不私親，法不遺愛

按：《戰國策‧秦策一》：「商君治秦，法令至行，公平無私，罰不諱強大，賞不私親近，法及太子。」

《慎子逸文》校補

（1）行海者，坐而至越，有舟也；行陸者，立而至秦，有車也。秦越遠途也，安坐而至者，械也（《白帖》卷11、《御覽》卷768）

譚樸森曰：《呂氏春秋‧貴因》：「如秦者立而至，有車也；適越者坐而至，有舟也。秦越遠塗也，竫立安坐而至者，因其械也。」

按：《記纂淵海》卷57亦引上二句。《鹽鐵論‧貧富》：「行遠者假於車，濟江海者因於舟。」

（2）縣於權衡，則氂髮之微識矣（《御覽》卷 830）

　　許富宏曰：氂，泛指獸尾。

　　按：《御覽》卷 830 引作「氂」，同「氂」。「氂」當讀陵之切，作長度量詞用，俗借「釐」字為之。《玄應音義》卷 3：「十毫曰氂，今皆作釐，亦由古字通用也。」「髮」亦長度量詞，《賈子・六術》：「有形之物，莫細於毫，是故立一毫以為度始，十毫為髮，十髮為氂，十氂為分，十分為寸，十寸為尺。」《意林》卷 2 引作「則氂髮識矣」，四庫本作「則釐髮識矣」，四部叢刊本作「則毫髮辨矣」。《劉子・正賞》：「今以心察錙銖之重，則莫之能識，懸之權衡，則毫釐之重辯矣。」亦作「釐」字。

（3）不聰不明，不能為王；不瞽不聾，不能為公。海與山爭水，海必得之（《意林》、《御覽》卷 496）

　　按：《御覽》卷 496 僅引前二句，《記纂淵海》卷 60、《困學紀聞》卷 10 引同。《能改齋漫錄》卷 1 引「公」作「翁」。

（4）禮從俗，政從上，使從君。國有貴賤之禮，無賢不肖之禮；有長幼之禮，無勇怯之禮；有親疏之禮，無愛惡之禮也（《類聚》卷 38、《御覽》卷 523）

　　譚樸森曰：《禮記・曲禮》：「禮從宜，使從俗。」

　　許富宏曰：使從君，《御覽》無。

　　按：《書鈔》卷 80 引同上文。《初學記》卷 13 引同《類聚》，至「無賢不肖之禮」止。首句《御覽》引脫作「禮從俗政上」。《禮記》「宜」、「俗」二字疑互倒，《初學記》卷 20 引《禮記》正作「使從宜，禮從俗」。

（5）法立則私議不行（《類聚》卷 54、《御覽》卷 638）

　　錢熙祚曰：《書鈔》卷 43 引作「私善」，《類聚》卷 54、慎懋賞本亦作「私善」。

　　王斯睿曰：善，孫依《治要》作「議」。按當作「善」。《鄧析子・轉辭篇》亦作「私善」，孫改非。家大人曰：「議」當為「義」，「義」與「善」通。

　　按：《治要》未引此文，孫毓修原校語云：「議，慎刻作善，依《類聚》、《御覽》。」王斯睿本條校語全誤作「《治要》」，許富宏照鈔，而不覆核。《御覽》卷 638 引《慎子》作「義」，不作「議」。「義」與「法」對舉。當據《御

覽》改正〔註23〕。

（6）河之下龍門，其流駛如竹箭，駟馬追弗能及（《御覽》卷40）

錢熙祚曰：《寰宇記》卷46「河」下有「水」字。《六帖》卷6作「追之不及」，《寰宇記》亦有「之」字。

許富宏曰：《太平寰宇記》卷46引作「河水之下，其流駛竹箭，駟馬追之不能」。

按：許君所引《寰宇記》乃據四庫本，中華書局點校本「駛」作「駚」，「不能」下有「及」字〔註24〕。《白氏六帖事類集》卷2二引，一作「西河下龍門，其流駛竹箭」，一作「河下龍門，流駛竹箭，駟馬追之不及」〔註25〕；《水經注·河水》引作「下龍門，流浮竹，非駟馬之追也」，《文選·南都賦》李善注引作「西河下龍門，其流敵於竹箭」，《御覽》卷61、《事類賦注》卷6引作「西河下龍門，其流駛竹箭」〔註26〕，《能改齋漫錄》卷6、《合璧事類備要》前集卷7引作「河下龍門，流駛竹箭，駟馬追之不及」，《記纂淵海》卷7、《事文類聚》前集卷16引作「河下龍門，流駛竹箭，駟馬追不可及」，《大事記解題》卷1引作「下龍門，非駟馬之迅也」，《困學紀聞》卷16引作「下龍門，非駟馬之追也」。《御覽》、《事類賦注》、四庫本《寰宇記》作「駛」是「駚」形譌。《慧琳音義》卷10：「駚流：音使，峻流水也，從馬史聲。」又卷11：「駚流：師利反。《考聲》云：『行疾也，水流急也。』《蒼頡篇》云：『駚，疾也。』從馬史聲也。」又卷12：「駚流：師事反。《蒼頡篇》：『駚，疾也。』《桂苑珠藜》云：『疾速。』從馬史聲也。經文從夬作駚，音決，誤也。」《詩·二子乘舟》毛傳：「汎汎然迅疾而不礙也」《釋文》：「駚疾：所吏反，本或無駚字，一本作迅疾。」駚亦迅也，疾也。《子華子·神氣》：「河之下龍門也，疾如箭之脫筈。」

（7）有權衡者，不可欺以輕重：有尺寸者，不可差以長短；有法度者，不可巧以詐偽（《意林》、《御覽》卷429）

譚樸森曰：《管子·明法》曰：「是故有法度之制者，不可巧以詐偽；有權

〔註23〕參見蕭旭《鄧析子集證》，收入《群書校補（續）》，花木蘭文化出版社2014年版，第2560頁。

〔註24〕中華書局2007年據金陵書局本排印，第962頁。

〔註25〕四庫本《六帖》在卷6。

〔註26〕《事類賦注》據《北京圖書館古籍珍本叢刊》第75冊，書目文獻出版社1998年版，第370頁。四庫本「駚」作「駚」。

衡之稱者，不可欺以輕重；有尋丈之數者，不可差以長短。」

　　阮廷卓曰：《管子・明法》云云。《韓非子・有度》：「故審得失有法度之制者，不可欺以詐偽；審得失有權衡之稱者，不可欺以天下之輕重。」

　　按：《禮記・經解》：「故衡誠縣，不可欺以輕重；繩墨誠陳，不可欺以曲直；規矩誠設，不可欺以方圓；君子審禮，不可誣以姦詐。」《荀子・禮論》、《史記・禮書》「誣」作「欺」。

（8）有虞之誅以幪巾當墨（《御覽》卷 645）

　　錢熙祚曰：幪巾當墨，《書鈔》卷 44 引作「畫跪當黥」。

　　譚樸森曰：《荀子・正論》：「世俗之為說者曰：治古無肉刑，而有象刑。墨黥；慅嬰；共，艾畢；菲，對屨；殺，赭衣而不純。」

　　按：《初學記》卷 20、《荀子・正論》楊倞註、《玉海》卷 67 引亦作「畫跪當黥」。《書鈔》卷 44 引《尚書大傳》：「犯墨者蒙帛（皁）巾。」〔註 27〕《初學記》卷 20 引《白虎通》：「犯墨者蒙巾。」〔註 28〕「蒙巾」即「幪巾」，睡虎地秦簡《秦律十八種・金布律》：「囚有寒者為褐衣，為幪布一，用枲三斤。」《公羊傳・襄公二十九年》徐彥疏引《尚書大傳》：「唐虞之象刑，上刑赭衣不純，中刑雜屨，下刑墨幪。」又引注：「屨，履也。幪，巾也，使不得冠飾。」〔註 29〕惠士奇曰：「當黥者墨其額，不當黥者蓋墨其巾而已，非謂廢墨皋而以幪巾當之也。」〔註 30〕

（9）以草纓當劓（《御覽》卷 645）

　　按：《荀子・正論》：「〔劓〕，慅嬰。」〔註 31〕楊倞註：「慅嬰，當為『澡嬰』，謂澡濯其布為纓。鄭云：『凶冠之飾，令罪人服之。』《禮記》曰：『緦冠澡纓。』鄭云：『有事其布以為纓也。』慅或讀為草，《慎子》作『草纓』也。」後說讀為草是也。《書鈔》卷 44 引《尚書大傳》：「犯劓者赭其衣。」〔註 32〕其說又不同。

〔註 27〕《酉陽雜俎》卷 8 引「帛」作「皁」。

〔註 28〕《漢書・武帝紀》顏師古注、《後漢書・酷吏傳》李賢注、《玉海》卷 67 引同，今本佚之。

〔註 29〕《御覽》卷 645 引注「不」誤作「下」。《初學記》卷 20 引「屨」作「履」。

〔註 30〕惠士奇《禮說》卷 12，收入《叢書集成三編》第 24 冊，新文豐出版公司 1997年版，第 434 頁。

〔註 31〕「劓」字據王念孫說補，參見《讀書雜志》卷 11，中國書店 1985 年版，本卷第 68 頁。

〔註 32〕《初學記》卷 20 引《白虎通》同。

（10）以菲履當刖（《御覽》卷 645）

按：菲履，《初學記》卷 20 引作「履扉」，《荀子·正論》楊倞註引作「復絉」，《書鈔》卷 44 引作「履菲」。「復」當是「履」字脫誤。《荀子》：「菲，對屨。」楊倞註：「菲，草屨也。對，當為絉，傳寫誤耳。絉，枲也。《慎子》作絉，言罪人或菲或枲為屨，故曰菲絉屨。對，或為刜，《禮》有疏屨。傳曰：『藨蒯之菲也。』」《書鈔》卷 44 引《尚書大傳》：「犯髕者以墨朦（幪）其髕。」《初學記》卷 20 引《白虎通》：「犯髕者以墨幪其髕處而畫之。」其說又不同。

（11）以艾韠當宮（《御覽》卷 645）

按：影宋本《御覽》作「𩏩」，當是「韠」俗字。《初學記》卷 20 引作「韠」，《荀子·正論》楊倞註引作「畢」，《書鈔》卷 44 引作「必」，四庫本《書鈔》「必」作「韠」。孔廣陶校曰：「孫氏校云：『此「必」同「韠」，不可改。』今案守山閣本輯《慎子佚文》『必』作『韠』，陳、俞本亦然。」〔註33〕《廣韻》：「韠，胡服蔽膝。《說文》曰：『韍也，所以蔽前也，下廣二尺，上廣一尺，其頸五寸。一命縕韍，再命赤韍。』俗作韠。」「必」通「畢」，「畢」又「韠（韠）」省。「韠」同「韠」，乃「韠」字音譌。《呂氏春秋·樂成》：「齊裘而韠。」《御覽》卷 694 引作「韠」，《資治通鑑外紀》卷 8 作「韠」，亦其例。《荀子》：「共，艾畢。」楊倞註：「共，未詳，或衍字耳。艾，蒼白色。畢與韠同，韍也，所以蔽前。君以朱，大夫素士爵韋，令罪人服之，故以蒼白色為韠也。」劉台拱曰：「『共』當作『宮』，聲之誤也。」〔註34〕王念孫、蔣楷皆從其說〔註35〕。聞一多曰：「韠可當宮者，以其為性器官之象徵也。」又云：「韠之用所以蔽性器，故可以當宮。」〔註36〕《初學記》卷 20 引《白虎通》：「犯宮者履扉。」其說又不同。

〔註33〕《北堂書鈔》孔廣陶校注本，收入《續修四庫全書》第 1212 冊，上海古籍出版社 2002 年版，第 204 頁。

〔註34〕劉台拱《荀子補注》，收入《劉氏遺書》卷 4，《叢書集成續編》第 15 冊，新文豐出版公司 1988 年版，第 481 頁。

〔註35〕王念孫《荀子雜志》，收入《讀書雜志》卷 11，中國書店 1985 年版，本卷第 68 頁。蔣楷《經義亭疑》，收入《蔣楷文集》，2002 年版，第 48 頁。

〔註36〕聞一多《詩經通義甲》、《詩經通義乙》，收入《聞一多全集》卷 3、4，湖北人民出版社 1994 年版，第 339～340、52 頁。

（12）布衣無領當大辟（《御覽》卷 645）

　　按：《書鈔》卷 44 引《尚書大傳》：「犯大辟者衣無領。」《初學記》卷 20 引《白虎通》：「犯大辟者布衣無領。」

（13）昔者，天子手能衣而宰夫設服，足能行而相者導進（《御覽》卷 76）

　　王利器曰：「昔者天子手能依」（解本如此）條，案此文出袁宏《後漢紀·安紀論》：「昔王侯身能衣而宰設服，足能行而相者導進，口能言而行人稱辭。」《御覽》卷 89 引魏文帝《周成漢昭論》：「口能言則行人稱辭，足能履則相者導儀。」《荀子·君子》：「天子……足能行，待相者然後進；口能言，待官人然後昭。」《淮南子·主術篇》、《春秋繁露·離合根篇》亦有此文。《御覽》卷 76、《困學紀聞》卷 5 引《慎子》俱作「天子手能衣」云云，與袁紀合，當據校正。方著用解本而不知正其誤，何也〔註37〕？

　　許富宏曰：衣，《御覽》、慎懋賞本作「依」。

　　按：阮廷卓、譚樸森皆引《後漢紀》等書，與王利器說略同，其說皆本於《困學紀聞》卷 5 而又補充之。景宋本、四庫本《御覽》皆誤作「依」。《漢藝文志考證》卷 6 引《御覽》引《慎子》作「衣」，《天中記》卷 11 引《慎子》亦作「衣」。《後漢紀》即本《慎子》，亦作「衣」字之證。

（14）離朱之明，察秋毫之末於百步之外（《文選·演連珠》注、《楊荊州誄》注、《類聚》卷 17、《御覽》卷 366）

　　王斯睿曰：《文選·琴賦》：「乃使離子督墨。」李善曰：「離子，離朱也。《慎子》為『離珠』。」據此，疑《慎子》本作「離珠」，而後人改為「離朱」。

　　王利器曰：《文選》李善注云云，今諸本作「離朱」，非唐本之舊〔註38〕。

　　許富宏曰：秋毫之末，《類聚》、《御覽》、慎懋賞本作「毫末」。

　　按：《文選·楊荊州誄》李善注、唐·蕭穎士《贈韋司業書》引作「秋毫之末」，《文選·演連珠》李善注、《後漢書·陳元傳》李賢注、《記纂淵海》卷 61 引亦作「毫末」。考秦漢典籍言明目者，如《莊子》、《商子》、《韓子》、《淮

〔註37〕王利器《方國瑜著〈慎懋賞本慎子疏證〉補證》，重慶《讀書通訊》第 83 期，1944 年版，第 15 頁。
〔註38〕王利器《方國瑜著〈慎懋賞本慎子疏證〉補證》，重慶《讀書通訊》第 83 期，1944 年版，第 15 頁。

南子》皆作「離朱」，無作「離珠」者，二王氏說未可據。

（15）堯讓許由，舜讓善卷，皆辭為天子而退為匹夫（《類聚》卷 21、《御覽》卷 424）

按：《書鈔》卷 8：「辭為天子退為匹夫，堯讓許由，舜讓善卷。」未標出處。

（16）孔子云：「有虞氏不賞不罰，夏后氏賞而不罰，殷人罰而不賞，周人賞且罰。罰，禁也。賞，使也（《御覽》卷 633）

阮廷卓曰：《司馬法·天子之義》：「有虞氏不賞不罰，而民可用，至德也；夏賞而不罰，至教也；殷罰而不賞，至威也；周以賞罰，德衰也。」

按：《路史》卷 22 引「殷人」作「商」，「周人」作「周」。《莊子·胠篋》：「子高曰：『昔堯治天下，不賞而民勸，不怒而民畏；今子賞罰，而民且不仁，德自此衰，刑自此立後，世之亂自此始矣。』」《後漢紀》卷 12：「夏后氏賞而不罰，殷人罰而不賞，周人兼而用之，此德刑之不同也。」

（17）今之重錙銖，役千仞之水，窮泥於後止，勢然也。吳舟之重，錯之千鈞，入水則浮，輕於錙銖，則勢浮之也（《書鈔》卷 137）

許富宏曰：役，阮廷卓疑為「投」字之訛。於，阮廷卓疑為「然」字之訛。

按：孔廣陶校《書鈔》曰：「此注文有脫誤。《御覽》卷 768 引《慎子》有『燕鼎重乎千鈞』一段略同一二。陳本已改注《韓子》。」〔註39〕陳本《書鈔》引《韓子》：「千鈞得船則浮，錙銖失舟則沉，非千鈞輕而錙銖重也，有勢之與無勢。」《韓子》見《功名篇》，阮廷卓亦引之，當本《慎子》而發揮。《意林》卷 5 引《秦子》：「鍼雖小，入水則沈；毛雖大，入水則浮，性自能也。」其說亦本於《慎子》也。「役」當是「沒」形譌，「於」猶「而」也，阮廷卓說皆非是。

（18）燕鼎之重乎千鈞，乘於吳舟，則可以濟，所託者，浮道也（《御覽》卷 768）

按：《類聚》卷 31 引晉·棗據《答阮德猷詩》：「燕鼎在舟，雖重不沉。」

〔註39〕《書鈔》孔廣陶校注本，收入《續修四庫全書》第 1213 冊，上海古籍出版社 2002 年版，第 3 頁。

《初學記》卷 25 引棗據《舩賦》:「飄燕鼎於吳會,轉金石於洪濤。」梁·江淹《蕭驃騎讓豫司二州表》:「誤變燕鼎,超憑吳舟。託翰負組,假翼要瓊。」皆用《慎子》此典,是唐代以前《慎子》確有此文,《御覽》所引可信。

（19）君臣之間猶權衡也,權左橛則右重,右重則左橛,輕重迭相橛,天地之理也（《御覽》卷 830）

　　徐漢昌曰:橛,豎也,擊也。

　　許富宏曰:君臣之間,《御覽》作「名臣之心」。左橛,原作「左輕」,據《御覽》改,下同。《御覽》作「相柝」。橛,量詞,木一小段謂之一橛。

　　按:景宋本《御覽》引作「君臣之間猶權衡也,權左橛則右重,右重則左橛,輕重迭相柝,天地之理也」,四庫本《御覽》引作「名臣之心猶權衡也,權左橛則右重,右重則左輕,輕重迭相折,天地之理也」。二本上「左橛」皆同,無作「左輕」者,許君校書極不認真。橛,讀為蹶,猶言翹起、上舉。《詩·板》毛傳:「蹶,動也。」即興起義,俗字亦作「撅」,如云「撅嘴」是也。《劉子·明權》:「量有輕重,則形之於衡。今加一環於衡左則右蹶,加之於右則左蹶,惟莫之動,則平正矣。」正用此典,正用本字。「橛」脫去「欠」,因誤作「橜」,「橜」誤作「橴」,「橴」即「柝」字隸書。《廣韻》:「橴,又作柝。」凡從「庶」之字,俗字多訛從「斥」,「謶」又作「訴」,「蹠」又作「跅」,「墌」又作「坼」,「摭」又作「拆」,皆其比。四庫本又誤作「折」,一誤再誤,其義遂晦。

（20）飲過度者生水,食過度者生貪（《御覽》卷 849）

　　按:四庫本《御覽》引脫此條。

（21）匠人知為門,能以門,所以不知門也。故必杜然後能門（《淮南子·道應訓》）

　　王斯睿曰:此節頗難解,疑有脫誤。《淮南·齊俗篇》引此同,意亦難明。《文子·精誠篇》襲此云:「故匠人智為不以能,以時閉,不知閉也,故必杜而後開。」文亦譌脫難讀。

　　阮廷卓曰:孫詒讓云:「此似當云:『不能以閉,所以不知門也。故必以杜,然後能開』。」孫說是也。

　　許富宏曰:……王說「譌脫難讀」,非是。

按：《淮南子》見《道應篇》引，王氏失檢，許君未訂正。孫詒讓說是，許君駁王，無的放矢。

（22）多賢不可以多君，無賢不可以無君（《荀子·解蔽篇》注）

按：《穀梁傳·隱公四年》范甯注、《莊子·人間世》郭象注皆有此語，是晉、唐人尚見《慎子》也。楊慎《丹鉛餘錄》卷 10 謂郭象注「時出俊語」，則未知郭氏是暗引《慎子》，非自造俊語也。

（23）夫德精微而不見，聰明而不發，是故外物不累其內（《文選·游沈道士館》注、《養生論》注、《周易述》卷 22）

按：《文選·弔魏武帝文》李善注節引作「德精微而不見，是故物不累於內」。《周易述》是清人惠棟所撰，惠氏自注出自「《文選》注」，不可作為輯佚依據。

（24）兩貴不相事，兩賤不相使（《意林》）

譚樸森曰：《荀子·王制》：「夫兩貴之不能相事，兩賤之不能相使，是天數也。」

按：《意林》卷 2 引《尹文子》：「兩智不能相使，兩貴不能相臨，兩辯不能相屈，力均勢敵故也。」〔註40〕《說苑·談叢》：「兩高不可重，兩大不可容，兩勢不可同，兩貴不可雙。」

（25）家富則疏族聚，家貧則兄弟離，非不相愛，利不足相容也

阮廷卓曰：《鶡冠子》佚文：「家富疏族聚，居貧兄弟離。」（《御覽》卷 485 引）其文略同。

按：宋·龔頤正《芥隱筆記》亦引《慎子》前二句。《文選·感舊詩》李善注亦《鶡冠子》佚文。

（26）藏甲之國，必有兵遁，市人可驅而戰。安國之兵，不由忿起（《意林》）

慎懋賞曰：兵遁，軍讖之類也。《三略》曰：「人主深曉中略，能御將統眾，則有兵遁者，雖驅市人而戰，無不勝也。」

〔註40〕《御覽》卷 432、《記纂淵海》卷 55 引《尹子》「使」作「救」。

王斯睿曰：遁，疑當作「楯」，「盾」之借字。

許富宏曰：遁，疑當作「道」，馬王堆帛書《十大經・本伐》曰：「諸庫臧（藏）兵之國，皆有兵道。」

高流水、林恒森曰：遁，隱蔽〔註41〕。

按：僅「人主深曉中略，能御將統眾」是《三略》之文，「則有」以下是慎氏之語，許君失其讀。帛書「諸」當據整理者校作「儲」。許君謂「遁」當作「道」，其說乃剿襲馬王堆帛書整理者的意見：「『遁』為『道』之誤字，《御覽》卷356引《慎子》不誤。」〔註42〕

（27）桀、紂之有天下也，四海之內皆亂，而關龍逢、王子比干不與焉，而謂之皆亂，其亂者眾也；堯、舜之有天下也，四海之內皆治，而丹朱、商均不與焉，而謂之皆治，其治者眾也（《長短經・勢運篇》注）

按：二語《治要》卷36引作《尸子》，《御覽》卷80引下句亦作《尸子》。疑《長短經》誤記其出處。

〔註41〕 高流水、林恒森《〈慎子〉〈尹文子〉〈公孫龍子〉全譯》，貴州人民出版社1996年版，第66頁。
〔註42〕 《馬王堆漢墓帛書〔壹〕》，文物出版社1980年版，第75頁。

《晏子春秋》校補

　　《晏子春秋》8 卷，相傳春秋時代齊國晏嬰所撰。清代以前無舊注，清人始作校勘注釋。其重要著作有：

　　孫星衍《晏子春秋音義》〔註1〕，盧文弨《晏子春秋校正》〔註2〕，王念孫《晏子春秋雜志》〔註3〕，洪頤煊《晏子春秋叢錄》〔註4〕，江有誥《晏子春秋韻讀》〔註5〕，錢熙祚《晏子春秋校本》〔註6〕，蘇時學《晏子春秋筆話》〔註7〕，文廷式《晏子春秋枝語》〔註8〕，俞樾《晏子春秋平議》〔註9〕，孫詒讓《晏子

〔註1〕孫星衍《晏子春秋音義》，收入《諸子百家叢書》，上海古籍出版社 1989 年影印浙江書局本；又收入《叢書集成新編》第 39 冊，新文豐出版公司 1985 年版，第 489～514 頁。

〔註2〕盧文弨《晏子春秋校正》，收入《群書拾補》，《續修四庫全書》第 1149 冊，上海古籍出版社 2002 年版，第 453～458 頁。

〔註3〕王念孫《晏子春秋雜志》，收入《讀書雜志》卷 8～9，中國書店 1985 年版。

〔註4〕洪頤煊《晏子春秋叢錄》，收入《讀書叢錄》卷 13，《續修四庫全書》第 1157 冊，第 670～673 頁。

〔註5〕江有誥《晏子春秋韻讀》，收入《江氏音學十書·先秦韻讀》，《續修四庫全書》第 248 冊，第 174 頁。

〔註6〕錢熙祚《晏子春秋校本》，《指海》本第 17 集。

〔註7〕蘇時學《晏子春秋筆話》，收入《爻山筆話》卷 4，收入《四庫未收書輯刊》第 7 輯第 11 冊，北京出版社 1997 年影印出版，第 400～404 頁。

〔註8〕文廷式《晏子春秋枝語》，收入《純常子枝語》卷 15，《續修四庫全書》第 1165 冊，第 208～210 頁。

〔註9〕俞樾《晏子春秋平議》，收入《諸子平議》卷 7，上海書店 1988 年版，第 121～142 頁。

春秋札迻》〔註10〕，黃以周《晏子春秋校勘記》〔註11〕，蘇輿《晏子春秋校注》〔註12〕，于鬯《晏子春秋校書》〔註13〕，陶鴻慶《讀晏子春秋札記》〔註14〕，徐友蘭《群書拾補識語·晏子春秋》〔註15〕，張純一《晏子春秋校注》〔註16〕，章太炎《膏蘭室札記》〔註17〕，劉師培《晏子春秋補斠定本》、《晏子春秋斠補》、《晏子春秋黃之寀本校記》、《晏子春秋補釋》〔註18〕，錢賓四《讀晏子春秋》〔註19〕，楊樹達《晏子春秋札記》〔註20〕，于省吾《晏子春秋新證》〔註21〕，金其源《讀晏子春秋管見》〔註22〕，吳則虞《晏子春秋集釋》〔註23〕，徐復《晏子春秋雜志》、《晏子春秋臆解》〔註24〕，王叔岷《晏子春秋斠證》、《跋元刻本晏子

〔註10〕 孫詒讓《晏子春秋札迻》，收入《札迻》卷4，中華書局1989年版，第120～125頁。

〔註11〕 黃以周《晏子春秋校勘記》，收入《諸子百家叢書》，上海古籍出版社1989年影印浙江書局本。

〔註12〕 蘇輿《晏子春秋校注》，思賢講舍刊本。

〔註13〕 于鬯《晏子春秋校書》，收入《香草續校書》，中華書局1963年版，第96～121頁。

〔註14〕 陶鴻慶《讀晏子春秋札記》，《制言》第35期，1937年版；又收入《讀諸子札記》，浙江人民出版社1998年版，第221～235頁。

〔註15〕 徐友蘭《群書拾補識語·晏子春秋》，收入《叢書集成續編》第92冊，上海書店1994年版，第576頁。

〔註16〕 張純一《晏子春秋校注》，世界書局1935年版；又收入《諸子集成》，浙江古籍出版社1999年版，第726～782頁；又中華書局2014年版。

〔註17〕 章太炎《膏蘭室札記》卷1，收入《章太炎全集》，上海人民出版社2014年版，第47～51頁。

〔註18〕 劉師培《晏子春秋斠補定本》、《晏子春秋斠補》、《晏子春秋黃之寀本校記》、《晏子春秋補釋》，收入《劉申叔遺書》，江蘇古籍出版社1997年版，第804～870頁。其中《晏子春秋補釋》，原連載於《國粹學報》1907年第3卷第7、10期，1909年第5卷第2、7、13期。劉氏校文每有誤記，王叔岷已訂正之。

〔註19〕 錢賓四《讀晏子春秋》，《弘毅月刊》十五周紀念特刊，1926年版，第70～74頁。

〔註20〕 楊樹達《晏子春秋札記》，收入《積微居讀書記》，上海古籍出版社2006年版，第191頁。此文僅一條札記。

〔註21〕 于省吾《晏子春秋新證》，收入《雙劍誃諸子新證》，上海書店1999年版，第247～260頁。

〔註22〕 金其源《讀晏子春秋管見》，收入《讀書管見》，（上海）商務印書館1957年初版，第327～329頁。

〔註23〕 吳則虞《晏子春秋集釋》，中華書局1962年版。吳則虞編著《晏子春秋集釋（增訂本）》，吳受琚、俞震校補，國家圖書館出版社2011年版。

〔註24〕 徐復《晏子春秋雜志》，收入《後讀書雜志》，上海古籍出版社1996年版，第

春秋》〔註25〕，徐仁甫《晏子春秋辨正》〔註26〕，劉如瑛《晏子春秋箋校商補》〔註27〕，駢宇騫《晏子春秋校釋》〔註28〕，王淑玫《晏子春秋假借字集證》〔註29〕，譚步雲《銀雀山漢簡本〈晏子春秋〉補釋》〔註30〕，方向東《札迻商榷·晏子春秋》〔註31〕，李天虹《簡本〈晏子春秋〉與今本對讀札記》〔註32〕。王淑玫《假借字集證》緣眾說而生辭，無所發明。

日人著作，平野玄沖《晏子春秋校》，伊藤馨《晏子春秋證注》，關嘉《晏子春秋纂注》，伊藤鳳山《晏子春秋詳注》，豬飼彥博《晏子春秋補注》、《晏子春秋管窺》，冢田大峰《晏子箋注》，荻生徂徠《晏子考》，諸葛歸春《晏子春秋校注》，余皆未見。

余所見版本有：《四部叢刊》影明活字本（簡稱作「明活字本」），古書叢刊影顧廣圻重刻本（簡稱作「顧氏重刻本」），四庫本，指海本，光緒浙江書局刻本（簡稱作「浙刻本」），日本內閣文庫藏鈔本（簡稱作「日本鈔本」）。

吳則虞（1913～1977）《晏子春秋集釋》彙集眾說，參以己見。雖然此書吳受琚、俞震作了校正及增補，仍然失檢章太炎、錢賓四、徐復、王叔岷、劉如瑛等說，但還是目前《晏子春秋》校釋之集大成者。茲以吳則虞《晏子春秋集釋》（增訂本）為底本作校補。凡引諸說未列出處者，皆見吳書增訂本，以避煩複。

71～72 頁。徐復《晏子春秋臆解》，收入《徐復語言文字學晚稿》，江蘇教育出版社 2007 年版，第 254～255 頁。

〔註25〕 王叔岷《晏子春秋斠證》、《跋元刻本晏子春秋》，並收入《諸子斠證》，中華書局 2007 年版，第 51～101 頁、541～546。前文又刊於《歷史語言研究所集刊》第 28 本上冊，1956 年版，第 55～105 頁。

〔註26〕 徐仁甫《晏子春秋辨正》，收入《諸子辨正》，成都出版社 1993 年版，第 1～46 頁；又中華書局 2014 年版，第 1～45 頁。

〔註27〕 劉如瑛《晏子春秋箋校商補》，收入《諸子箋校商補》，山東教育出版社 1995 年版，第 125～144 頁。

〔註28〕 駢宇騫《晏子春秋校釋》，書目文獻出版社 1988 年版。

〔註29〕 王淑玫《晏子春秋假借字集證》，文史哲出版社 1974 年版。

〔註30〕 譚步雲《銀雀山漢簡本〈晏子春秋〉補釋》，《古文字研究》第 24 輯，中華書局 2002 年版，第 436 頁。

〔註31〕 方向東《札迻商榷·晏子春秋》，收入《孫詒讓訓詁研究》，中華書局 2007 年版，第 118～120 頁。

〔註32〕 李天虹《簡本〈晏子春秋〉與今本對讀札記》，《齊魯學刊》2009 年第 3 期，第 38～41 頁。

《內篇諫上》第一校補

（1）貴戚不薦善，偪邇不引過（第 1 章）

按：吳則虞曰：「元刻本、活字本、嘉靖本俱作『貴賤』；吳勉學本、綿眇閣本作『貴戚』，是也，顧校從之。貴戚者，同姓之卿也。」吳說是也，四庫本、指海本、浙刻本亦作「貴戚」，《御覽》卷 436 引同，是宋人所見猶不誤。明活字本、日本鈔本此處雖誤，下文同句不誤。《內篇問上》：「（佞人）求君逼爾而陰為之與。」一本「逼爾」作「偪邇」。

（2）足走千里，手裂兕虎（第 1 章）

按：裂，日本鈔本作「𥸤」，是俗訛字。吳則虞曰：「《御覽》卷 386 引作『手制兕虎』，又卷 436 作『手裂』，《秦本紀》《集解》引《晏子春秋》曰：『手裂虎兕』。作『兕虎』者是。此文『里』、『理』、『虎』、『下』為韻。『手裂』云者，即《墨子·明鬼篇》之『主別兕虎』。」「理」、「虎」、「下」為韻是王念孫說。《墨子》「主別兕虎」，王念孫曰：「本作『生列兕虎』。『列』即今『裂』字也。鈔本《御覽·皇王部七》引《墨子》作『生裂兕虎』，故知今本『主別』為『生列』之訛。刻本作『生捕』者，淺人以意改之耳。」〔註33〕《御覽·皇王部七》即卷 82，景宋本引《墨子》作「生裂」，而《御覽》卷 386 引《墨子》作「生捕」。王說是也，《路史》卷 23 羅苹注引「主別」亦作「生裂」，本篇亦其確證。

（3）力多足以勝其長，勇多足以弒君（第 2 章）

按：吳則虞曰：「以下文例之，『其』字衍。」張純一謂下句當據上句文例補「其」字，是也，《子略》卷 1 引正作「殺其君」，又「力多」作「力強」，義長。

（4）景公飲酒，醒，三日而後發（第 3 章）

按：蘇輿曰：「發，起也，言醉寢三日而後起也。下文『今一日飲酒而三日寢之』，是其證。」錢賓四說同〔註34〕，吳則虞、駢宇騫從蘇說。張純一曰：「發，讀為廢，止也。」二說並誤。發，指酒醉而醒。汪中曰：「發，醒也。

〔註33〕王念孫《墨子雜志》，收入《讀書雜志》卷 9，中國書店 1985 年版，本卷第 83 ～84 頁。

〔註34〕錢賓四《讀晏子春秋》，《弘毅月刊》十五周紀念特刊，1926 年版，第 70 頁。

賈誼《新書・先醒篇》:『辟猶俱醉而獨先發也。』《漢書・景十三王傳》名長沙定王曰『發』。《鄒陽傳》曰:『發悟於心。』《晏子・諫篇上》:『景公飲酒,三日而後發。』又曰:『君夜發,不可以朝。』」〔註35〕馬瑞辰《毛詩傳箋通釋》卷20引其說,而卷9則徑作己說〔註36〕。尤程鑣亦剿襲汪說〔註37〕。

(5)故外無怨治,內無亂行(第3章)

按:章太炎曰:「怨亦亂也,字借為帑。」劉師培曰:「『怨』當作『蘊』。『蘊』即叢脞之意矣。外無蘊治者,言外無叢脞之政也。『蘊』即《左傳・昭二十五年》『蓄而不治將蘊』之『蘊』。」駢宇騫從劉說。讀怨為蘊,此王念孫說也。《內篇雜下》「怨利生孽」,王念孫曰:《左傳》作『蘊利』,本字也。此作『怨利』,借字也。(《大戴記・四代篇》:『委利生孽。』委亦蘊也。蘊、怨、委一聲之轉)前《諫上篇》:『外無怨治,內無亂行。』言君勤於政,則外無蘊積之治,內無昏亂之行也。是《晏子》書固以『怨』為『蘊』矣。」〔註38〕

(6)今一日飲酒,而三日寢之,國治怨乎外,左右亂乎內(第3章)

按:徐仁甫曰:「此句與下『左右亂乎內』對文。『左右』不見於上文,則『治』字亦非複舉。『國治』當作『國人』。」徐說全誤。此文「國治怨乎外,左右亂乎內」正承上文「外無怨治,內無亂行」而言,「治」、「亂」對舉。徐氏蓋未知「怨」當讀作「蘊」,誤解作本義「怨恨」。

(7)百姓老弱,凍寒不得短褐,飢餓不得糟糠,敝撤無走,四顧無告(第5章)

按:孫星衍曰:「『敝撤』即『敝躄』假音字。《說文》:『躄,人不能行。』《玉篇》:『蹩躄,旋行貌。』『撤』又『徹』俗字。」張純一從其說。吳則虞曰:「『敝』為『蹩』之假借,『撤』即『蹠』字。」王淑玫申吳說。孫引《玉篇》,吳謂「敝為蹩之假借」,並是也,餘說則非。劉芮康謂「敝為蔽之假借,義為遮蔽,引申作『房屋』。撤乃其常義『毀壞』。」〔註39〕尤未得。疑「撤」

〔註35〕汪中《經義知新記》,收入《新編汪中集》,廣陵書社2005年版,第10頁。
〔註36〕馬瑞辰《毛詩傳箋通釋》卷20、9,中華書局1989年版,第633、311頁。
〔註37〕尤程鑣《師鄜齋經義偶鈔(續)》,《華國月刊》第2卷第6冊,1925年版,第4頁。
〔註38〕王念孫《晏子春秋雜志》,收入《讀書雜志》卷9,中國書店1985年版,本卷第12頁。
〔註39〕劉芮康《〈晏子春秋〉『敝撤無走』新解》,《古籍研究》2006年卷下,總第50

為「撒」形誤，「敝撒」為「弊撒」、「蟞蟨」之借字，又音轉作「婆屑」、「徹
徶」、「撇屑」〔註40〕。

（8）故里窮而無告，無樂有上矣；飢餓而無告，無樂有君矣（第5章）

按：俞樾曰：「據下文云『民飢餓窮約而無告』，即承此文言之，則此文
亦當作『窮約而無告』矣。『里』字上疑當有『鄉』字，據上文云『懷寶鄉有
數十，飢民里有數家』，以鄉、里並言，是其證也。」張純一從俞說，備一通
也。余謂「里」是「悝」省借，憂也。「悝窮」，猶言憂窮，是二義；下文「窮
約」，約亦窮困也，只是一義。

（9）公從之，兼于塗而不能逮，令趣駕追晏子（第5章）

按：孫星衍曰：「兼于塗，言兼程以進。逮，及也。趣，趨也。」張純一
從其說。盧文弨曰：「『趣』與『促』同。」于鬯曰：「『兼』蓋讀為歉，塗長
而足力不足及之，故曰『歉于塗而不能逮』。或云：當讀為霙，《說文》云：
『霙，久雨也。』與上文『霖雨』之說亦可合。」吳則虞曰：「孫、于之說皆
非。『兼』疑『溓』之假借，《考工記‧輪人》『雖有深泥，亦弗之溓也』，鄭
司農云：『溓讀為黏。』《說文》：『黏，相著也。』今霖雨十七日，泥塞于塗，
黏著不易行，故曰『兼于塗而不能逮』。『趣』通『取』。此云『令趣駕』者，
上云『晏子徒行見景公』，此云『走而出』，亦必徒行。『公從之，兼于塗』，
公亦徒行以從，為其不能逮，故命取駕。」吳則虞說「兼」字可備一通，如
其說，當徑讀兼作黏，溓亦借字也。余謂「兼」是「陷」借字。言霖雨十七
日，景公之車陷於泥塗，不能追及晏子也。「趣駕」當取孫星衍、盧文弨說，
車陷於泥塗，故促其駕使疾耳。趣，猶今言催促。《韓詩外傳》卷2：「定公
揭席而起，曰：『趣駕召顏淵。』」《荀子‧哀公》作「趨駕」，《家語‧顏回》
作「促駕」。古書言「趣駕」皆此義。《說苑‧脩文》：「孔子謂御曰：『趣驅之，
趣驅之。』」「趣驅」是其誼也。王淑玫從吳說讀為取，非是。

（10）辟拂嗛齊，酒徒減賜（第5章）

按：孫星衍曰：「《詩》傳：『弗，去也。』『拂』與『弗』同，言屏去之。

期，第124頁。

〔註40〕 參見蕭旭《「抹殺」考》，收入《群書校補（續）》，花木蘭文化出版社2014年
版，第2459頁。

《說文》：『嗛，口有所銜也。嚌，嘗也。』『齊』與『嚌』同，言減去口味。」
王念孫曰：「案孫云『減去口味』是也，而引《說文》，則非此所謂『嗛齊』
者矣。予謂：嗛者，快也。齊，讀若劑。嗛齊者，謂齊和之嗛於口者也。」
洪頤煊曰：「『辟拂』當作『辟席』。或云：席以拂拭為敬，故『辟席』亦謂
之『辟拂』。」蘇時學曰：「『辟』當讀如嬖。『辟拂』疑即女嬖充下陳者。下
言『辟拂三千，謝於下陳』可證。『齊』讀如齋。嗛齊，謂茹素也。」黃以周
曰：「『辟拂』疊韻，字亦作『蹴躃』。辟拂蹴躃，皆狀歌舞之貌。下云『辟拂
三千，謝于下陳』，與『人侍三，士侍四，出之關外』相對為文，是『辟拂』
亦侍御之倖臣也。『辟拂』與『酒徒』對文，言減倖臣之祿。『嗛』、『歉』古
多通用，『齊』與『嚌』通，《音義》是。」蘇輿曰：「辟，除也。辟拂嗛齊，
猶言除去甘味。黃從『蹵躃』，以為狀歌舞貌，殊為未合。既指倖臣，不得
但言其歌舞狀，且『蹵躃』與『酒徒』亦非對文，又與下『謝于下陳』之文
不類，孫說自安。『嗛齊』王說是。」劉師培曰：「案黃說是，惟『齊』從孫
說則非。『齊』即『資』之叚字也。資，糧也，稟也。嗛資者，即減省所給之
祿養也，故與『減賜』並文。」長孫玄齡曰：「『辟拂』即『鞞拂』，蓋舞人
也。嗛，不足貌。齊，『齎』省字。言舞人齎去者不多，酒徒亦所賜少也。」
于省吾曰：「孫星衍改拂為弗，改齊為嚌，訓為減去口味，殊為牽強，且不
釋『辟』字，義尤不憭。王念孫以『嗛齊』為快和，是從孫弗去之訓也。蘇
輿訓辟為除，除去甘味，殊無所指。黃以周以辟拂為侍御之倖臣，義則近是；
而謂辟拂襒躃皆狀歌舞之貌亦非。辟，輔也，與『弼』義相因。辟拂，猶言
輔拂，劉師培謂『齊』、『資』古通，是也。『辟拂嗛資』與『酒徒減賜』對
文，言輔拂損於資給，酒徒減於賞賜也。」于省吾說二句對文，是也，但解
「辟拂」為「輔拂」，則殊誤。下文「辟拂三千謝於下陳」，輔拂之臣焉得有
三千之數，又焉得辭去於下陳？蘇時學讀辟為嬖，劉師培讀齊為資，是也。
拂，疑以雙聲讀作妃。嬖妃三千，指後宮三千。嗛，讀作貶，減損也，與下
句「減」同義對舉。《說文》：「貶，損也。」《論語·陽貨》：「古之矜也廉。」
《釋文》：「廉，魯讀廉為貶，今從古。」此其音轉之證。字亦作謙，《史記·
樂書》：「故禮主其謙。」《集解》引王肅曰：「自謙損也。」《禮記·樂記》、
《祭義》「謙」作「減」，以同義詞易之也。嬖妃貶其資，酒徒減其賜，正相
對文。

（11）晏子請左右與可令歌舞足以留思虞者退之（第 5 章）

按：孫星衍曰：「『虞』同『娛』。」張純一從其說。蘇時學曰：「『虞』或『慮』字之訛。」吳則虞曰：「蘇說是。留者，『流』之同音假借。此云『足以留思慮』者，即移情易慮之謂。」王淑玫申吳說。蘇說是也，「留」讀如字，不讀作流。留，盡也。《淮南子‧人間篇》：「是故聖人者，常從事於無形之外，而不留思盡慮於成事之內。」留、盡同義對舉。

（12）晏子曰：「君奚故不朝？」對曰：「君夜發，不可以〔朝〕。」（第 6 章）

按：盧文弨曰：「夜發，謂夜不寐也。」吳則虞從其說。張純一讀發為廢。皆非是。發亦指酒醉而醒，已詳上引汪中說。

（13）今與左右相說頌也（第 8 章）

按：孫星衍曰：「說，今本作『悅』，非。本書多作『說』，據以訂正。『頌』即『容』本字。說頌，猶言容悅也，或言『誦說』。」張純一從其說。指海本、浙刻本作「說頌」，明活字本、四庫本、顧氏重刻本、日本鈔本作「悅頌」。孫說「說頌」即「容悅」，是也，不知何故吳則虞刪去其說。說頌，讀作「悅容」，是「容說」、「容悅」倒文。《方言》卷 13：「姚、娗，好也。」（從錢校）《廣雅》同。錢繹曰：「合言之則曰『姚娗』。《廣韻》：『娗，姚娗，美好也。』前卷 5 云：『盂或謂之銚銳。』又下文云：『盂謂之姚銳，椀謂之梠抉。』注並云：『銚音謠。梠抉，蠲、決兩音。』是『銚銳』與『姚娗』同，蓋『銚銳』、『梠抉』並雙聲，皆形容美好之辭。義存乎聲，原無定字，故《楚辭‧九辯》云：『心搖悅而日幸兮。』王逸注云：『意中私喜。』喜謂之搖悅，物之美好者謂之銚悅，人之美好者亦謂之姚娗，其義一也。聲轉而為『容閱』，亦為『容悅』……倒言之則為『悅容』，《晏子春秋‧諫上篇》云：『今與左右相悅頌也。』『頌』與『容』同。又轉而為『幽悅』，前卷 11 云：『蠱其小者，或謂之蚴蛻。』注：『幽、悅二音。』『小』與『好』義相近。」〔註 41〕

〔註 41〕錢繹《方言箋疏》卷 13，上海古籍出版社 1984 年版，第 741～742 頁。其說略本於王念孫《廣雅疏證》，收入徐復主編《廣雅詁林》，江蘇古籍出版社 1992 年版，第 61 頁。

（14）民愁苦約病，而姦驅尤佚（第8章）

按：章太炎曰：「『驅』當為『區』，《說文》：『區，踦區，藏匿也。』字通作匶，又作摳。然則姦區者，謂姦宄隱情懷詐者也。」于省吾曰：「王念孫謂『尤佚』即『溢尤』，是也。按『姦驅』不詞，『姦驅』本應作『姦匿』，『匿』古『慝』字。蓋『匿』字訛作『區』，後人不解而改為『驅』耳。」吳則虞曰：「約者，猶言貧困也。『驅』疑為『區』之假字。《荀子・大略》注『區，藏也。』姦人之所藏，故曰『姦驅』。《左傳》『道殣相望，而女富溢尤』，句法正同。『富』與『藏』義亦近，『尤佚』即『溢尤』，謂益甚也。」吳氏引《左傳・昭公三年》以證「尤佚」即「溢尤」，亦是王念孫說，黃以周已及。余謂「姦」是「劦」形訛，「劦」是「脅」省文。脅驅，迫脅驅役。

（15）隱情奄（掩）惡，蔽諂其上（第8章）

按：王念孫曰：「蔽者，擁蔽。諂者，諂諛。二字義不相近，不當以『蔽諂』連文。『諂』當為『諂』，字之誤也。諂讀若滔，諂者，惑也。謂隱其情，掩其惡，以蔽惑其君也。《爾雅》：『蠱、諂，疑也。』疑即惑也。《管子・五輔篇》曰：『上諂君上，而下惑百姓。』」〔註42〕黃以周、章太炎從王說。明活字本、四庫本、指海本、日本鈔本正作「諂」字。指海本蓋據王說而改，而其餘各本則否。蔽，隱瞞、欺騙。蔽諂，猶言「欺諂」。《後漢書・吳良傳》：「（王）望佞邪之人，欺諂無狀。」

（16）孤不仁，不能順教，以至此極（第8章）

按：張純一曰：「醫家謂手足痿痺不能運動曰不仁，此言心失其用。」張說非是。不仁，讀作「不佞」〔註43〕。《內篇諫下》「妾父不仁」，于鬯、孫詒讓並讀仁為佞，是也；錢賓四謂「此『不仁』正謂冥昧胡圖（糊塗）。」〔註44〕，非是。

（17）晏子曰：「非子之所知也，公之言至矣。」（第8章）

按：至，讀為摯，誠懇。

（18）景公疥且瘧，期年不已（第12章）

〔註42〕吳則虞引其說，文字及標點都有錯誤，茲據王氏原書。
〔註43〕參見蕭旭《韓詩外傳》卷3「寡人不仁」校補。
〔註44〕錢賓四《讀晏子春秋》，《弘毅月刊》十五周紀念特刊，1926年版，第71頁。

按：上博楚簡（六）《競（景）公瘧》作「景公疥且瘧，逾歲不已」。顏之推《家訓》以為「疥」當作「痎」，吳則虞引蘇輿說及宋咸熙《惜陰日記》卷5駁顏說。《左傳・昭公二十年》《釋文》已駁其說，王念孫申證之〔註45〕，吳氏失引。王念孫稍年長於宋咸熙。吳則虞曰：「《左傳》作『期而不瘳』，與《外篇》第7章同。」「已」、「瘳」義同，病除、疾病痊愈也。《廣雅》：「已、瘥、除、瘳、痊，瘉也。」

（19）改月而君病悛（第12章）

按：孫星衍曰：「《說文》：『悛，止也。』《玉篇》且泉切。」吳則虞曰：「即今之『痊』字，《方言》：『致（引者按：當作「改」）也。自山而東或曰悛。』」吳說「悛」即「痊」，是也，引《方言》則誤。「痊」是「全」增旁俗字，謂病癒也。

（20）公曰：「寡人固也。」（第13章）

按：蘇輿曰：「固，猶鄙也。《治要》作『寡人過矣』。」張純一曰：「固，陋也。」二氏說皆誤。此文「固」下脫「過」字，《治要》卷33引則脫「固」字。上文「晏子諫曰：君過矣」，此則景公承認「確實錯了」，文正相應。

（21）楚巫微導裔款以見景公（第14章）

按：孫星衍曰：「楚之巫名微。導，引之也。」王念孫曰：「微，蓋楚巫之名，《御覽》作『徵』。孫以導為引，非也。『導』本作『道』，此後人不曉文義而改之也。道者，由也。《御覽・人事部九十七》引此正作『道』。」黃以周從王說。吳則虞曰：「『微』字當為『嬇』字之訛，古與『媄』通，色好也。後用『美』而少用『媄』與『嬇』。」楊樹達曰：「道，介詞，由也。表經由。字或作導。《晏子》云云。」〔註46〕楊氏採王說。道（導）、由一聲之轉。陶鴻慶謂「導」下省「於」字，蓋未知「導」字之義，其說非是。微，猶言秘密、暗中，不是人名，吳則虞讀作美，不合句法。裔，《御覽》卷456引作「褢」，乃「裹」形訛，下文正作「裹」。「裹」乃俗「裔」字。

〔註45〕王念孫說轉引自王引之《經義述聞》卷19，江蘇古籍出版社1985，第464頁。

〔註46〕楊樹達《詞詮》卷2，中華書局1954年版，第47頁。

（22）晏子曰：「君誠避宮殿暴露，與靈山河伯共憂，其幸而雨乎？」
（第15章）

按：吳則虞曰：「《御覽》卷879、《記纂淵海》卷5引『誠』作『試』，
『暴』作『曝』，以下句『幸』字觀之，『試』字義長。」王叔岷曰：「《御覽》
卷35引『誠』作『宜』。」吳說非是。《說苑・辨物》亦作「誠」。「試」是
形訛。誠，讀為請〔註47〕。《御覽》卷35、《山谷外集》卷4史容注引作「君
宜避殿暴露」，皆臆改。《御覽》卷11引作「君避殿曝露」，不知其誼而妄刪
耳。

（23）是以民樂其政而世高其德，行遠征暴，勞者不疾，驅海內使朝天
子，而諸侯不怨（第16章）

按：「行」字屬上句，下文云「是以民苦其政，而世非其行」，是其反文，
「行」亦謂德行。

（24）怠于德而并于樂（第16章）

按：于鬯曰：「『并』本有『從』義。《說文》云：『并，相從也。』又後
章云『是以從欲而輕誅』，『從樂』即『從欲』也。後章又云『今君嗜酒而并
于樂』，放此。或云『并』讀為屏，或為屏。屏、屏皆訓蔽，見《說文》。謂
為淫樂所蔽，故云『蔽于樂』。」吳則虞從其說。劉師培曰：「而并于樂，疑
與《穆傳》卷1『而辨于樂』同。」陳霞村曰：「『并』當訓專。專于樂，謂專
於遊獵聲色也。」〔註48〕「從欲」之「從」同「縱」，非「相從」義，于氏混
而為一。讀并作屏、屏，則第18章「并於樂」不通，于氏二說皆誤。并，同
也，聚也。并于樂，謂與近臣同樂也。

（25）身溺于婦侍而謀因豎刁（第16章）

按：「因」下王念孫據《治要》卷33引補「于」字，是也。顧廣圻曰：
「『因』當作『困』。」錢熙祚承其說。鈔本《治要》引「侍」誤作「俗」，天
明刊本《治要》不誤。顧說非是，《治要》引亦作「因」。因，依憑也。

〔註47〕參見蕭旭《說苑校補》、《越絕書校補》，並收入《群書校補》，廣陵書社2011
年版，第553、582頁。又《孔叢子校補》，收入《群書校補（續）》，花木蘭文
化出版社2014年版，第1061頁。
〔註48〕陳霞村《〈晏子春秋集釋〉管見》，《古籍整理研究學刊》1990年第3期，第31
頁。

（26）行不能革，則持節以沒世耳（第 16 章）

按：孫星衍曰：「《倉頡篇》：『革，戒也。』《說文》：『諽，更也。』『革』省文。」孫氏引《倉頡篇》誤，下說則是也。革、更、改，並一聲之轉。第 23 章「不革衣冠」，革謂更改。

（27）若何滂滂去此而死乎（第 17 章）

按：孫星衍曰：「滂滂，《列子》作『滴滴』。殷敬順云：『或作滂滂，並皆步郎反，流蕩貌。』」張純一曰：「『滴滴』當為『滂滂』之形誤。」吳則虞曰：「《列子》作『若何滴滴去此國而死乎』。蓋『滂』作『滂』，與『滴』形近而訛。《文選》卷 13 注引作『奈何去此堂堂國者而死乎』，《韓詩外傳》同。竊疑此處本作『若何去此旁旁而死乎』。旁旁，大也，又盛也；『堂堂』亦訓盛。是『堂堂』即『旁旁』之假借，後訛為『滂』，而越在『去此』之上，因前後有『流涕從而泣』語，致誤為滂沱之義。」張、吳說「滴」是「滂」形訛，是也，方以智早已指出〔註49〕。吳氏後說則誤。滂滂，擬聲詞，狀其行之盛也，音轉則作「旁旁」、「驕驕」、「傍傍」、「彭彭」、「膨膨」、「龐龐」、「怲怲」，與「滂沱」無涉。

（28）公刷涕而顧晏子曰（第 17 章）

按：孫星衍曰：「刷，《列子》作『雪』，《文選》注作『收』。《爾雅》：『刷，清（讀瀞）也。』《說文》：『㕞，拭也。刷，刮也。』」吳則虞曰：「《列子》作『雪涕』，《文選》卷 28 注引作『公收涕而問之，晏子曰』。卷 60 注引同，惟『涕』作『淚』。」宋刊《文選》卷 60 六臣注本李善引作「收涕」，字不作「淚」。雪、㕞一聲之轉，「收」是「㕞」形訛。

（29）仁者息焉，不仁者伏焉（第 18 章）

按：孫星衍曰：「《列子·天瑞篇》引晏子曰：『仁者息焉，不仁者伏焉。』」吳則虞曰：「《新論》『伏』作『如』。」徐仁甫曰：「『伏』當作『休』。《荀子·大略篇》：『君子息焉，小人休焉。』休、息一耳，作『伏』無義。然《列子·天瑞篇》引《晏子》已作『伏』，則其誤久矣。」

徐說非是。《治要》卷 33 引作「伏」，《家語·困誓》同《荀子》。文廷

〔註49〕方以智《通雅》卷 9，收入《方以智全書》第 1 冊，上海古籍出版社 1988 年版，第 354 頁。

式校《荀子》曰：「『休』當作『伏』，字之誤也。《晏子春秋・內篇諫上》云云。（《列子・天瑞篇》引晏子曰：『善哉！古之有死也，仁者息焉，不仁者伏焉。』）《外篇》曰：『夫古之有死也，令後世賢者得之以息，不肖者得之以伏。』『伏』即『伏辜』之伏。曰息曰伏，正所以別君子小人，與《檀弓》之例不殊也。《列子・天瑞篇》正作『小人伏焉』，是其證。」〔註50〕吳闓生曰：「息、伏為韻，作『休』非是。」〔註51〕張純一說同。文、吳、張說是。桓譚《新論・形神》引作「如」，誤也。

（30）公忿然作色不說（第18章）

按：下文「公忿然作色不悅」，《內篇諫下》「（景公）忿然而作色不悅」，《內篇問下》「吳王忿然作色不說」，《外篇》「公忿然作色不說」，「忿然」與「勃然」雙聲音轉，又轉作「艴然」、「怫然」。《呂氏春秋・重言》：「艴然充盈。」《論衡・知實》作「怫然」，《列女傳》卷2作「忿然」，《說苑・權謀》作「勃然」。《新序・雜事二》：「梁君忿然作色而怒。」《韓詩外傳》卷8：「文侯勃然作色而怒。」《淮南子・道應篇》：「桓公勃然作色而怒。」

（31）今君若設文而受諫，謁聖賢人，雖不去彗，星將自亡（第18章）

按：吳則虞據下文「近讒好優惡文而疏聖賢人」，乙作「設文受諫而謁聖賢人」，是也。「彗」當屬下句，《初學記》卷18節引作「若受諫賢聖，彗星將亡」。上文云「使禳去之」，此文「去」上疑脫「禳」字。句中「設」字，俞樾曰：「按『設』疑『說』字之誤。說，讀為悅。下文云『惡文而疏聖賢人』，『惡文』與『說文』正相對成義。」黃以周從俞說。陶鴻慶曰：「設，猶假也。文，謂天象。此承上文『詔之妖祥，以戒不敬』，言君當假以自警耳。下云『惡文』，正指景公禳彗言之。」于省吾曰：「按俞說非是。『設』『翕』古字多通用。翕，合也。『合』與『受』義相因，『翕受』謰語，『翕文』亦『受文』之義。下云『惡文而疏聖賢人』，『疏』亦與『惡』義相因。」此文「設」與「謁」相應，不是與「受」義相因，于省吾說非是。陶鴻慶謂「文」指天象，是也。「設」疑「執」字之訛，「執」形訛作「埶」，

〔註50〕文廷式《純常子枝語》卷15，收入《續修四庫全書》第1165冊，第208頁。余舊作《家語校補》，時乃僅見吳闓生說，而余說與文廷式同，今改引文氏說。《家語校補》，收入《群書校補（續）》，花木蘭文化出版社2014年版，第442頁。
〔註51〕吳闓生《文史甄微》（稿本），轉引自楊伯峻《列子集釋》，中華書局1979年版，第26頁。

又音誤作「設」〔註52〕。埶，讀作慹，畏懼、敬畏也。

（32）何暇在彗！茀又將見矣（第18章）

按：于鬯曰：「何暇，語助，若言豈但。」本書《外篇》：「茀星又將見矣，奚獨彗星乎？」可證「何暇」即「奚獨」義，于說是也。《內篇諫下》：「今君橫木龍蛇，立木鳥獸，亦室一就矣，何暇在霸哉？」亦其例。字或作「何假」，裴學海曰：「假，猶但也。《莊子·德充符篇》：『奚假魯國？丘將引天下而與從之。』郭注曰：『假，但也。』字或作暇，《韓詩外傳》卷10：『吾則死矣，奚暇老哉？』」〔註53〕《莊子》郭注「奚但一國而已哉」，是串解。林希逸曰：「奚假，豈特也。」聞一多曰：「假亦可訓但。郭注義至精確。『假』與『暇』通。」又舉本篇及《韓詩外傳》卷10為證〔註54〕。聞氏下文曾引裴學海說〔註55〕，此條當亦自裴說化出，《外傳》各本都作「何暇」，《永樂大典》卷8570引同，《新序·雜事五》亦同，裴氏誤作「奚暇」，聞氏誤同，未檢原文也。蘇輿改「在」作「去」，錢賓四說同〔註56〕，張純一從蘇說，乃未解「何暇」之義而妄改。

（33）昔者從夫子而遊公阜，夫子一日而三責我，今誰責寡人哉（第18章）

按：文廷式曰：「『昔者』當作『昔吾』。」文說非是，《治要》卷33引仍作「昔者」。本書《外篇》：「昔者吾與夫子遊於公邑之上，一日而三不聽寡人，今其孰能然乎？」作「昔者吾」，此篇「吾」字可省。《初學記》卷18節引此文作「昔夫子一日三責我」，《白氏六帖事類集》卷11節引作「昔晏子一日三責我」〔註57〕，「者」字亦省去。

（34）景公出遊于寒塗，睹死胔，默然不問（第19章）

〔註52〕「設」、「埶」、「執」相訛之例，參見裘錫圭《古文獻中讀為「設」的「埶」及其與「執」互訛之例》、《再談古文獻以「埶」表「設」》，收入《裘錫圭學術文集》卷4，復旦大學出版社2012年版，第451～460、484～494頁。

〔註53〕裴學海《古書虛字集釋》，中華書局1954年版，第332頁。

〔註54〕聞一多《莊子內篇校釋》、《莊子義疏》，收入《聞一多全集》卷9，湖北人民出版社1994年版，第50、416頁。

〔註55〕聞一多《莊子義疏》，第416頁。

〔註56〕錢賓四《讀晏子春秋》，《弘毅月刊》十五周紀念特刊，1926年版，第70頁。

〔註57〕《白孔六帖》在卷39。

按：孫星衍曰：「胾，《御覽》作『瘠』，下同。《說文》『膌，或從肉。』《漢書》注臣瓚曰：『枯骨曰骼，有肉曰胾。』師古曰：『才賜切。』胾、瘠，聲之緩急。」〔註58〕張純一從其說。《御覽》見卷486。孫說「胾、瘠，聲之緩急」至確，字亦作骴、髊、殨、漬、脊〔註59〕。

（35）今君遊於寒塗，據四十里之氓，殫財不足以奉斂，盡力不能周役民氓，饑寒凍餒，死胾相望，而君不問，失君道矣（第19章）

按：張純一以「民氓」二字屬下句，並於「能」下補「以」字，是也。王雲路、陳霞村亦以「民氓」屬下〔註60〕，皆失檢張說。

（36）為善不用，出政不行，賢人使遠，讒人反昌（第21章）

按：于鬯曰：「既曰『為善』，又言『不用』，『用』與『為』當何別之？蓋此『用』宜讀為『勇』。『為善不勇』與下句『出政不行』相對。且下文又云『有賢不用』，若此『用』非假字，則文亦犯複矣。」王淑玫從其說。陳霞村謂「用」為「周」譌，周，終也〔註61〕。于、陳說非是。《開元占經》卷32引同今本。此「用」，讀作庸，常也。下文「有賢不用」之「用」指任用。

（37）錄錄彊食，進死何傷（第21章）

按：孫星衍曰：「《漢書·蕭曹贊》『錄錄未有奇節』，師古曰：『錄錄，猶鹿鹿，言在凡鹿（庶）之中也。』」〔註62〕于鬯曰：「『彊』當為『彊勉』之彊，非『富彊』之彊。食，當讀為飾。彊飾者，謂其彊辨飾非耳。」孫說是，「錄錄」亦作「碌碌」。于說「彊為彊勉之彊」亦是，但讀食為飾，則誤。「食」讀如字。二句言庸庸碌碌而彊食於飯，與死人何所別乎？

（38）公瞢見二丈夫立而怒（第22章）

按：孫星衍曰：「瞢，古借為『夢』字。」王叔岷曰：「黃之寀本『瞢』作

〔註58〕 「胾瘠聲之緩急」是孫星衍說，吳則虞誤以為顏師古語。
〔註59〕 參見蕭旭《呂氏春秋校補》，花木蘭文化出版社2016年版，第10～11頁。
〔註60〕 王雲路《古書句讀札記》，《杭州大學學報》1985年第3期；收入《詞匯訓詁論稿》，北京語言文化大學出版社2002年版，第166頁。陳霞村《〈晏子春秋集釋〉管見》，《古籍整理研究學刊》1990年第3期，第31頁。
〔註61〕 陳霞村《〈晏子春秋集釋〉管見》，《古籍整理研究學刊》1990年第3期，第32頁。
〔註62〕 「凡鹿」當作「凡庶」，張純一、吳則虞照鈔，而不知校正。又下文孫星衍引《御覽》引《古文瑣語》，《御覽》見卷378，文多脫誤，吳則虞亦照鈔，不知校正。

『夢』，下同。《論衡・死偽篇》亦作『夢』。」《御覽》卷399、《永樂大典》卷13136引「瞢」作「夢」，下同。銀雀山漢簡作「薨」，亦借字。

（39）（湯）倨身而揚聲（第22章）

按：吳則虞曰：「《論衡》作『據身而揚聲』，『據』字誤。《御覽》卷399引作『倨身高聲』，高、即揚也。」倨，《緯略》卷7、《永樂大典》卷13136引同，《初學記》卷9、《類聚》卷12、《史記・殷本紀》《正義》、《御覽》卷83並引《帝王世紀》亦同，銀雀山漢簡作「居」，《論衡・死偽》作「据」（非「據」），《宋書・符瑞志》、《竹書紀年》卷上沈約注作「句」。《御覽》卷363引《晏子春秋》「伊尹倨身湯傴」，「倨」、「傴」當互易。《書鈔》卷1：「成湯鋸身揚聲。」「据」、「鋸」、「居」是「倨」借字。倨、句相對，鈍角為倨，銳角為句。

（40）（伊尹）傴身而下聲（第22章）

按：傴身，《論衡・死偽》、《後漢書・馮衍傳》李賢注引《帝王世紀》同。傴，句傴，《御覽》卷363引作「傴」，即「句」字。

（41）比至，衣冠不正，不革衣冠，望游而馳（第23章）

按：吳則虞曰：「衣冠不正，《類聚》卷24引作『衣冠盡不正』，《御覽》卷456引同。望游而馳，《外傳》、《類聚》皆無此句。」《御覽》卷456引同今本，不同《類聚》。《類聚》卷24引「游」作「遊」，有此句，吳氏皆誤記。孫星衍曰：「《說文》：『游，旌旗之旒也。』」桂馥、郭慶藩亦引此文以證《說文》，說同孫氏〔註63〕。于鬯曰：「望游，蓋猶『望羊』。望游而馳，正謂仿佯而馳也。」孫詒讓謂「游」指離宮，「別於城中王所居之宮，故謂之離宮，以其可以游觀故謂之游」〔註64〕。晏子既至景公畋所，則不得解「游」為離宮，孫詒讓說非是。仍當取孫星衍等說，「游」指旌旗之旒，即景公所在處。望，猶言向也。

（42）夫鳥獸，固人之養也，野人駭之，不亦宜乎（第24章）

按：《治要》卷33引同，《御覽》卷914引第二句作「故非人所養」。「故」同「固」。固，猶豈也，反詰句表示否定。《御覽》不知其詣，故增一「非」字。

〔註63〕桂馥《說文解字義證》，郭慶藩《說文經字正誼》，並收入丁福保《說文解字詁林》，中華書局1988年版，第6919、6921頁。
〔註64〕孫詒讓《周禮正義》卷1，中華書局1987年版，第47頁。

（43）百姓聞之必怨吾君，諸侯聞之必輕吾國（第25章）

按：吳則虞曰：「《類聚》及《事類賦》皆作『輕伐』。」《類聚》卷 93、《事類賦注》卷 21 引作「百姓必怨叛，諸侯輕伐吾國」，《御覽》卷 896 引同（王叔岷誤記作「來伐」），皆臆改。《治要》卷 33、《御覽》卷 456 引同今本，《淮南子‧人間篇》亦同，《新序‧節士》「怨」作「議」（《御覽》卷 174 引則作「怨」），餘同。

（44）今以屬獄（第25章）

按：吳則虞曰：「《御覽》卷 456 引『今』作『令』，義亦通。」《治要》卷 33 引亦作「令」，是也。「令以屬獄」乃敘事句，非晏子語，不當放在括弧內。

《內篇諫下》第二校補

（1）晏子對曰：「君將使嬰勒其功乎？則嬰有壹妄能書，足以治之矣。」（第1章）

按：孫星衍曰：「言一妄男子能書記者，即成讞矣。」俞樾云：「按孫說非也，一妄男子，不可止曰『一妄』，『妄』疑『姜』字之誤。嬰有壹姜能書足以治之，極言治之之易，雖婦女可也。」張純一從俞說改字。劉師培曰：「黃本『妄』作『姜』，下同，與俞氏《平議》說合。」當「妄能書」連文，非「壹妄」連文，俞說誤。下文「勒其功則使壹妄，勒其意則比焚」，是承上省文，「壹妄」即上文之「壹妄能書」，「比焚」即上文之「比而焚之」。黃本「姜」是形訛，各本都作「妄」。《漢書‧車千秋傳》：「苟如是，漢置丞相，非用賢也，妄一男子上書即得之矣。」沈欽韓即引此篇以證〔註65〕。一妄能書，謂任意一個能寫公文的人。「能書」是作官吏的基本要求，睡虎地秦簡《秦律十八種‧內史雜》：「下吏能書者，毋敢從史之事。」

（2）今束雞豚妄投之，其折骨決皮，可立得也（第1章）

按：王念孫、蘇時學並謂「得」是「待」字之誤；俞樾謂「得」是「見」字之誤，張純一從俞說改字。二說並通。王叔岷曰：「黃之宷本『得』作『待』，與王說合。」竊謂「得」、「待」一聲之轉，不煩改字。《列子‧天瑞篇》：「處常得終。」《家語‧六本》同，《類聚》卷 44、《御覽》卷 468 引作「待」，《說

〔註65〕沈欽韓《漢書疏證》卷 31，收入《續修四庫全書》第 267 冊，上海古籍出版社 2002 年版，第 52 頁。

苑·雜言篇》、《高士傳》、《文選·登石門最高頂詩》李善注引《新序》亦作「待」。
裴學海曰：「得，猶待也。『得』與『待』雙聲，又為之部疊韻字，故『得』可
訓『待』。」〔註66〕《韓子·解老》：「萬物得之以死，得之以生，萬物得之以
敗，得之以成。」《文子·道原》「萬物恃之而生，莫之知德；恃之而死，莫之
能怨。」恃亦讀為待。《鹽鐵論·大論》：「湯武非得伯夷之民以治，桀紂非得
蹠蹻之民以亂也。」下文「故為治者不待自善之民，為輪者不待自曲之木」，
文例相同，正作「待」字。《意林》卷5引梁·楊泉《物理論》：「必得崑山之
玉而後寶，則荊璞無夜光之美；必須南國之珠而後珍，則隋侯無明月之稱。」
敦煌寫卷 S.1380《應機抄》作「待」，「待」與「須」同義對舉。道藏本《淮南
子·主術篇》：「夫民之好善樂正，不得禁誅而自中法度者，萬無一也。」景宋
本、明刊本、漢魏叢書本「得」作「待」。《潛夫論·明忠》：「是以忠臣必待明
君乃能顯其節，良吏必得察主乃能成其功。」得、待互文。《漢書·王褒傳》
《聖主得賢臣頌》：「聖主必待賢臣而弘功業，俊士亦俟明主以顯其德。」是其
比。

（3）寸之管無當，天下不能足之以粟（第1章）

按：孫星衍曰：「《文選·三都賦序》『玉厄無當』，劉淵林注：『當，底也。』
去聲。」〔註67〕此先秦諺語，《商子·靳令》：「四寸之管無當，必不滿也。」
《韓子·飭令》：「三寸之管毋當，不可滿也。」《文子·上德》：「三寸之管無
當，天下不能滿。」《淮南子·說林篇》「無」上有「而」字，「不」作「弗」，
高誘注：「當，猶底也。」此篇「寸」上疑脫「三」或「四」。

（4）有不聞令，醉而犯之者（第2章）

按：吳則虞曰：「《類聚》卷24作『有過而犯之者』，卷88、《御覽》卷954、
《事類賦注》、《事文類聚》作『有醉而傷槐』，《御覽》卷519引與此同，無
『過』字。」《御覽》卷519引作「有不聞令而犯之者」。卷519雖無「過」字，
但亦無「醉」字，與此不同，吳氏失檢。《御覽》卷415引作「有不聞令，遇
而犯之者」，又卷456引作「有不聞令，過而犯之者」。「遇」是「過」形訛。

（5）明惠之君不拂是以行其所欲（第2章）

〔註66〕裴學海《古書虛字集釋》，中華書局1954年版，第448頁。
〔註67〕「去聲」二字是孫氏說，吳則虞誤作劉淵林注語。

－514－

按：張純一曰：「是者，非之反。拂，違戾也。」吳則虞曰：「不拂是以行其所欲，即偽《大禹謨》之『罔咈百姓以欲己之欲』也。『拂』通『咈』，『是』通『戾』、『盭』，『咈』、『戾』同義。」〔註68〕吳說「拂」通「咈」是也，但「是」不得借作「戾（盭）」，其說誤。是，讀為諟，平正也。不拂是，猶言不違公正。「惠」疑「悳」形訛，即「德」古字。《後漢書‧孔融傳》《肉刑議》：「故明德之君，遠度深惟，棄短就長。」

（6）此譬之猶自治魚鱉者也，去其腥臊者而已（第2章）

按：吳則虞曰：「治者，劀也。《說文》：『楚人謂治魚也。』」吳說是也，「治」讀平聲，剖也，今吳語猶然〔註69〕。第23章「趣庖治狗」，亦同。

（7）拔置縣之木（第2章）

按：置，讀作植。上文「植木縣之」，是其證。《列女傳》卷6作「拔植懸之木」。

（8）以兵降城，以眾圖財，不仁（第3章）

按：孫星衍曰：「降，《類聚》作『攻』。圖，今本作『圍』，據《類聚》訂正。」錢熙祚、蘇輿、張純一皆據孫說改作「圖」字。孫氏所據《類聚》乃俗本（明胡纘宗刊本、四庫本同），南宋刊本《類聚》卷24引仍作「圍」，作「圖」蓋後人所改。圍，指遮取之也。

（9）景公令兵摶治，當臘冰月之間而寒，民多凍餒，而功不成（第4章）

按：孫星衍曰：「摶治，疑『摶埴』，埴、治聲相近。」王念孫曰：「案治者，甄也。摶治，謂摶土為甄。《廣雅》曰：『治，甄也。』」張純一從王說。《廣雅》：「治、甄，甄也。」王念孫引此文為證，又云：「《隋書‧百官志》太府寺有掌治甄官。」〔註70〕考《周禮‧考工記》：「摶埴之工二。」鄭玄注：「摶之言拍也。埴，黏土也。」《釋文》：「摶，李音團，劉音博。」戴震曰：

〔註68〕點校者以「盭」屬下句，非是，必非吳氏之意，逕正。
〔註69〕參見蕭旭「治魚」再考》，收入《群書校補（續）》，花木蘭文化出版社2014年版，第2141～2148頁。
〔註70〕王念孫《廣雅疏證補正》，收入徐復主編《廣雅詁林》，江蘇古籍出版社1992年版，第531頁。

「鄭注云：『搏之言拍也。』（張參《五經文字》拍音搏）劉熙《釋名》云：『拍，搏也，手搏其上也。』又云：『搏，博也，四指廣博，亦似擊之也。』則搏當音博，不音團。而《釋文》列團、博兩音，且團音在前，是直不辨『搏』、『摶』之為二字。」〔註71〕錢大昕曰：「《釋文》兼收團、博二音，依前音宜從專，依後音宜從專。據鄭氏注『搏之言拍也』，拍與搏聲相近，則經文當用搏字，而讀如博矣。」〔註72〕是《考工記》正字當是「搏」字，當從劉昌宗音博。李軌音團，是誤認作「摶」字。此文明活字本、四庫本作「摶」，其餘各本作「搏」。「摶」是形訛。孫、王說皆未得。「搏治」皆動詞，泛言作土功耳，所從事者不是埴，也不是甄。且甄亦不可言搏，「搏甄」不辭。

（10）景公使國人起大臺之役，歲寒不已，凍餒之者鄉有焉（第5章）

按：「凍餒」下「之」字，盧文弨曰：「『之』字疑衍。」王念孫曰：「案此文本作『役之凍餒者鄉有焉』。今本『之』字誤在『凍餒』下，又奪去『役』字。《類聚》、《初學記》、《御覽・時序部十九》並引作『役之凍餒者』。」吳則虞曰：「《書鈔》卷156及《御覽》卷34引亦無『之』字。」王說是也，《御覽・時序部十九》即《御覽》卷34，引作「役人凍餒者」，王氏引文稍誤。《書鈔》卷156引作「役者凍飢」，《御覽》卷177引作「役者皆凍」。

（11）晏子至，已復事，公延坐，飲酒樂（第5章）

按：孫星衍曰：「《類聚》作『公延晏子坐』，今本『延』作『迺』，非。」吳則虞曰：「元本、活字本、楊本、子彙本、凌本俱作『迺』；《書鈔》、《初學記》卷18、《類聚》卷5、《事文類聚》卷12引皆作『公延晏子坐』。」浙刻本作「延」，不誤。《書鈔》卷156引作「延晏子坐」，吳氏引文稍誤。

（12）歌曰：「庶民之言曰：凍水洗我，若之何！太上靡散我，若之何！」（第5章）

按：孫星衍曰：「太上，尊辭。」蘇時學曰：「『散』當為『敝』，『敝』與

〔註71〕戴震《論韻書中字義答秦尚書》，收入《聲韻考》卷4，《戴震全書》第3冊，黃山書社1994年版，第336頁。戴說又見《考工記圖》卷上，《戴震全書》第5冊，第316～317頁。

〔註72〕錢大昕《跋經典釋文》，收入《潛研堂文集》卷27，《潛研堂集》，上海古籍出版社1989年版，第465頁。

『散』相近而訛，下章言『靡弊』〔註73〕，是也。」江有誥曰：「洗，叶，音線。散，音線。元、文通韻。」〔註74〕文廷式曰：「此文當作『太上散我，若之何』，『靡』字涉下文『太上之靡散』而衍。太上散，猶老子言朴散也。『洗』、『散』古韻互叶。」劉師培曰：「今考《淮南·原道訓》云：『而不可靡散。』《要略》曰：『靡散大宗。』」張純一曰：「散、弊誼同。」吳則虞曰：「《書鈔》、《類聚》、《事文類聚》前集引俱作『庶人之凍，我若之何；奉上靡弊，我若之何』。」吳氏所據《書鈔》乃陳本，《資治通鑑外紀》卷 8 引同；孔本《書鈔》卷 156 引作：「庶人之言：凍冰洗，我若之何；奉上靡散，我若之何。」孔廣陶曰：「陳本及《類聚》引『庶人』句脫『言』字及『冰洗』三字，『散』作『弊』，餘同；吳山尊仿宋本《晏子》『冰』誤『水』，『奉』作『太』，餘同。」〔註75〕此文二「我」當屬下句；「水」當作「冰」，取孔光陶說；「太」當作「奉」，「奉」形訛作「泰」，又易作「太」；「弊」是「散」誤字，與「洗」合韻。第 6 章云「太（奉）上之靡弊」，則自作「弊」，與上文「殺」月部合韻〔註76〕。洗，同「灑」，寒貌。

（13）歌終，喟然歎而流涕（第 5 章）

按：王念孫曰：「案『歎而』二字後人所加，上言『喟然』，下言『流涕』，則『喟然』之為歎可知，無庸更加『歎而』二字。《類聚》、《初學記》並引作『喟然流涕』，無『歎而』二字。《諫上篇》『公喟然』，後人加『歎』字，謬與此同。」張純一曰：「《書鈔》卷 156 作『喟然而流涕』，『歎』字當刪。」今本亦可能「歎而」誤倒，當作「喟然而歎，流涕」。

（14）公就止之曰（第 5 章）

按：吳則虞曰：「《類聚》卷 5 無『就』字。」《初學記》卷 18、《資治通鑑外紀》卷 8 引也無「就」字，蓋省其文耳。第 6 章云「公就晏子而止之曰」，又第 15 章云「公下堂就晏子曰」，「就」字義同。

〔註73〕 吳則虞引「弊」誤作「敝」。
〔註74〕 江有誥《晏子春秋韻讀》，收入《江氏音學十書·先秦韻讀》，《續修四庫全書》第 248 冊，第 174 頁。
〔註75〕 《北堂書鈔》（孔廣陶校注本）卷 156，收入《續修四庫全書》第 1213 冊，上海古籍出版社 2002 年版，第 115 頁。
〔註76〕 參見江有誥《晏子春秋韻讀》，收入《江氏音學十書·先秦韻讀》，《續修四庫全書》第 248 冊，第 174 頁。

（15）吾細人也，皆有蓋廬，以避燥溼（第5章）

按：盧文弨曰：「蓋，音盍。」俞樾曰：「案『蓋』乃『盍』字之誤，盍讀為闔。《襄十七年左傳》『吾儕小人，皆有闔廬，以避燥溼寒暑』，語意與此同。」黃以周從俞說。吳則虞曰：「俞說是也。《御覽》卷177引正作『闔廬』。《呂氏春秋·知化篇》：『吳為丘墟，禍及闔廬。』闔廬，亦民居也。」「蓋」字可徑讀為闔，不必以為誤字。《御覽》卷177引「燥溼」下有「寒暑」二字，吳氏失校。

（16）景公為長庲（第6章）

按：孫星衍曰：「一本注云：『庲，舍也。』《御覽》注云：『音來，舍也。』《玉篇》同。當為『㡣』之省文。」劉師培曰：「《原本玉篇》引《埤倉》云：『長庲，臺，齊景公作也。』」吳則虞曰：「《廣韻》：『庲，舍也。』虞喜《志林》作『長府』。」孫氏所引《御覽》見卷456，吳氏所引虞喜《志林》見《御覽》卷824引，「府」是「庲」形訛〔註77〕。《廣雅》：「庲，舍也。」《玉篇殘卷》引「舍」形訛作「合」。王念孫引此文為證〔註78〕。《集韻》：「庲，《博雅》：『舍也。』一曰長庲，齊臺名。」㡣者，強曲毛也，與「庲」作臺名非一字，孫氏謂「省文」，大誤。「長庲」是臺名，庲亦長也，「臺」取長大為義，「庲」不當訓舍。馬高曰騋，長兒曰陳隑，山長兒曰崍㠓，頭長兒曰頼鬙，其義一也。「庲」是「㿝」、「熙」音轉，《說文》：「㿝，廣臣（頤）也。」《廣雅》：「㿝，長也。」《方言》卷12：「熙，長也。」郭璞注：「謂壯大也。」

（17）秋風至兮殫零落（第6章）

按：孫星衍曰：「殫，《御覽》作『草』，或『單』字，言盡零落也。」《御覽》卷824引虞喜《志林》引《晏子》作「盡」。

（18）風雨之拂殺也，太上之靡弊也（第6章）

按：孫星衍曰：「拂殺，《御覽》作『拂煞』，今本作『弗』，非。殺讀如縺。《說文》：『縼縺，散之也。』」黃以周曰：『拂，元刻作『弗』，凌本同。『弗』古『拂』字，《御覽》作『拂殺之』，下作『靡弊之』，無『太上之』三

〔註77〕或因習於《論語·先進》「魯人為長府」而誤。

〔註78〕王念孫《廣雅疏證》，收入徐復主編《廣雅詁林》，江蘇古籍出版社1992年版，第519頁。

字。」《說文》：「綮，綮綮，散之也。」桂馥曰：「綮，或借『殺』字，《方言》：『散，殺也。』《晏子春秋》云云。」〔註79〕「太」當作「奉」。此文「弊」、「殺」合韻。《御覽》卷456作「拂煞」，「煞」是「殺」俗字。「弗（拂）殺」是「弊搬」、「弊殺」、「蟞蠹」、「弊鑯」音轉，又轉作「抹殺」、「末殺」、「末綮」、「抹搬」、「瀎泧」、「瀎潗」，摩滅也〔註80〕。

（19）歌終，顧而流涕，張躬而舞（第6章）

按：孫星衍曰：「《御覽》作『張掖而儛』。」王念孫曰：「『張躬』即『張肱』也。鈔本《御覽》脫『躬』字，刻本作『張掖』，乃後人以意補耳，不可從。」張純一從王說，非是，景宋本、四庫本《御覽》卷456都作「張掖而儛」。「掖」即「袚」字，袖也。《淮南子·繆稱篇》：「王子閭張掖而受刃。」「張掖」亦謂張袖。

（20）公就晏子而止之曰：「今日夫子為賜而誡於寡人，是寡人之罪。」（第6章）

按：吳則虞曰：「《御覽》卷456引『為』作『有』，『誡』作『譏』，無『於』字。」吳校未盡，《御覽》引無「就」字，下句作「今日夫子有賜，譏寡人之罪」。

（21）晏子諫曰：「百姓之力勤矣！」（第7章）

按：劉師培曰：「『勤』與『罷』同。」張純一曰：「勤，勞苦也。」勤，盡也，下文云「窮民力者，不得其樂」，窮亦盡也。《內篇問上》「使民不盡力」，正作「盡」字。

（22）君不聽臣，臣將逝矣（第8章）

按：蘇輿曰：「逝，各本作『遊』，『遊』、『逝』形近而訛。《拾補》作『逝』，旁注云：『遊訛。』」黃以周曰：「『遊』當依元刻作『逝』，盧校本同。」吳則虞曰：「元刻本作『遊』，吳刻改『逝』，《御覽》引亦作『逝』，子彙本誤不成字。」元刻本作「逝」，顧氏重刻本、指海本同，吳氏誤校。錢熙祚曰：「原誤『遊』，依《御覽》改。」明活字本作「遊」，又「遊」之增旁誤字。

〔註79〕桂馥《說文解字義證》，齊魯書社1987年版，第622頁。
〔註80〕參見蕭旭《「抹殺」考》，收入《群書校補（續）》，花木蘭文化出版社2014年版，第2459～2469頁。

《戰國策·東周策》:「兔興馬逝。」P.5034V《春秋後語》「逝」作「遊」。《古文苑》卷 5 張衡《觀舞賦》:「驚雄遊兮孤雌翔，臨歸風兮思故鄉。」《初學記》卷 15、《類聚》卷 43 引「遊」作「逝」。守山閣叢書本《古文苑》卷 6 李尤《函谷關賦》:「睢（雖）背魏而西遊，托衾衣以免搜。」宋九卷本、廿一卷本「遊」作「逝」，《類聚》卷 6 引同。P.3259:「但以遊川東注，洪波之浪難迴。」S.1823、S.5573「遊」作「逝」。P.2044:「創（愴）沒後之餘蹤，恐（悲）纏遊（逝）水。」皆其相訛之例。逝，去也，往也，行也。

（23）今上山見虎，虎之室也；下澤見蛇，蛇之穴也（第 10 章）

按：《說苑·君道》同，《意林》卷 3 引《說苑》作「山是虎之室，澤是蛇之穴」，《御覽》卷 933、《事類賦注》卷 28 引《說苑》作「山是虎室，澤是蛇窟」。

（24）景公為履，黃金之綦，飾以銀，連以珠（第 13 章）

按：孫星衍曰:「《禮記·內則》『屨著綦』，鄭氏注:『綦，履繫也。』」吳則虞曰:「《儀禮·士喪禮》『組綦繫于踵』，注:『履係也，所以拘止履也。』其本字當作『緋』，《說文》:『帛蒼艾色。』是綦本以帛，而景公易以黃金。」二氏皆以「綦」為履繫，是也，但吳氏謂履繫本字當作「緋」，則大誤。「緋」指帛之蒼艾色，不是帛。桂馥認為「綦」為履飾，桂氏曰:「綦有四義：一曰履；二曰履飾，《晏子》云云……蓋直刺其文以為飾；三曰履系；四曰履迹。」〔註81〕桂說未是。

（25）良玉之絇，其長尺（第 13 章）

按：孫星衍曰:「絇，《類聚》作『句』，通。《禮記·玉藻》:『童子不履絇』，鄭氏注:『絇，履頭飾也。』《說文》:『絇，纑繩約也，讀若鳩。』」張純一從其說。吳則虞曰:「絇，元本、活字本、嘉靖本皆誤作『朐』，《御覽》卷 697 誤作『鈎』。」顧氏重刻本亦誤作「朐」，浙刻本、指海本、四庫本作「絇」不誤。《御覽》卷 697 引誤作「約」，吳氏失檢；《書鈔》卷 136「黃金綦，良玉鈎」條謂出《晏子》，則誤作「鈎」字。絇之言句，讀為矩，方也。古人象天法地，戴圓履方，履頭矩形之飾的專字即作「絇」，亦作「屨」、「朐」，

俗字又作「胢」〔註82〕。孫氏引《說文》「絇，繼繩約也，讀若鳩」以說之，非是。

（26）冰月服之以聽朝（第 13 章）

按：冰，《類聚》卷 84 引同，《書鈔》卷 136 引誤作「水」。

（27）冬輕而暖，夏輕而清（第 13 章）

按：孫星衍曰：「清，今本作『清』，非。《說文》：『清，寒也。』」劉師培曰：「《類聚》卷 84、《御覽》卷 493、697 並引作『夏輕而清』，孫刊本改『清』為『清』，非。」吳則虞曰：「明刻各本皆作『清』。」浙刻本、指海本作「清」，宋刊本《類聚》卷 84 引作「清」，即「清」字。此書古本當作「清」，《路史》卷 18「冬輕以暖，夏輕而清」，亦同。清，讀作清、凊，不必以為誤字。汪東曰：「《說文》：『凊，冷寒也。清，寒也。』並七正切。古書或假『清』為之。《莊子·人間世》曰：『吾食也執粗而不臧，爨無欲清之人。』《素問·五臟生成篇》曰：『得之寒濕腰痛足清。』」〔註83〕《呂氏春秋·有度》：「夏不衣裘，非愛裘也，煖有餘也；冬不用篓，非愛篓也，清有餘也。」高誘注：「篓，扇也。清，寒也。」楊昭儁曰：「清，讀為凊。」〔註84〕張家山漢簡《脈書》：「氣者，利下而害上，從煖而去清。」二例皆以「清」、「煖」為對文，與本書正同。《禮記·曲禮上》「冬溫而夏清」，《墨子·辭過》「冬則輕煖，夏則輕清」，則皆用本字。

（28）景公為西曲潢，其深滅軌，高三仞（第 15 章）

按：孫星衍曰：「滅軌，謂滅一車也……軌蓋一車之通稱與？」蘇輿曰：「滅者，沒也。軌，車轊頭也。言轊頭沒入水中也。（此與《文選·懷舊賦》『轍含冰以滅軌』不同，彼謂寒冬水淺之時，乘車濟洛，轍中含冰，其跡漫滅，若水深則豈但滅轍而已。此乃狀其潢池之深，則當謂水過轊頭，乃見其深，若謂水裁滅轍，則是淺池，非深池矣。段氏若贋合以為一，非。）」張

〔註82〕 參見蕭旭《孔子家語校補》，收入《群書校補（續）》，花木蘭文化出版社 2014年版，第 358 頁。
〔註83〕 汪東《吳語》，收入《章太炎全集（七）》附錄，上海人民出版社 1999 年版，第 151 頁。
〔註84〕 轉引自王利器《呂氏春秋注疏》，巴蜀書社 2002 年版，第 2975 頁。

純一從蘇說，而不知其說全本於王引之〔註85〕，王先謙亦從王說〔註86〕。朱駿聲則謂「軌」是「軓」誤字，指軾前版〔註87〕。

（29）公衣黼黻之衣，素繡之裳（第15章）

按：劉師培曰：「《書鈔》卷129引『素繡』作『縠綉』〔註88〕，『綵』作『采』，《御覽》卷696引同。」《書鈔》卷129二引都作「縠綉」，分見「景公衣黼黻」、「衣縠繡之裳」條。《御覽》卷696引作「縠繡」，劉說稍疏。

（30）晏子對曰：「臣聞之，維翟人與龍蛇比。」（第15章）

按：孫星衍曰：「言在水鄉與龍蛇為伍。」徐仁甫曰：「翟借為狄。此翟人即狄人，謂吳越之人也。」二氏得其誼，但徐氏謂「狄人」指吳越之人，則未聞。「翟」疑以同音讀作「澤」。

（31）且伐木不自其根，則蘗又生也（第15章）

按：《國語·晉語一》：「伐木不自其本，必復生。」

（32）且合升斞之微以滿倉廩（第17章）

按：孫星衍曰：「斞，一本作『斛』，蓋『鼓』字之誤，鼓亦量名。《說苑》作『菽粟』（《白帖》引作『升斗』）。」吳則虞曰：「元刻本、活字本、嘉靖本、子彙本、凌本皆作『升斝』，惟黃本、吳本作『鼓』，楊本作『斞』。」顧氏重刻本、四庫本作「升鼓」，日本鈔本作「升斝」，浙刻本、指海本作「升斞」，錢熙祚曰：「斞，一作鼓，鼓亦量名。」今本《說苑》作「菽粟」，當據《白氏六帖事類集》卷11〔註89〕、《類聚》卷24、《初學記》卷25、《御覽》卷765、《錦繡萬花谷》續集卷6所引校作「升斗」〔註90〕。蓋俗書「升」形誤作「叔」〔註91〕，因改作「菽粟」耳。《說苑·政理》：「順針縷者成帷

〔註85〕王引之《經義述聞》卷5，江蘇古籍出版社1985年版，第125頁。
〔註86〕王先謙《詩三家義集疏》卷3，中華書局1987年版，第165頁。
〔註87〕朱駿聲《說文通訓定聲》，武漢市古籍書店1983年版，第246頁。
〔註88〕國家圖書館出版社2011年版《晏子春秋集釋》第107頁「縠」字誤作「縠」，不成字。
〔註89〕《白帖》在卷39。
〔註90〕參見向宗魯《說苑校證》，中華書局1987年版，第239頁。
〔註91〕相訛之例參見王念孫《墨子雜志》，收入《讀書雜志》卷9，中國書店1985年版，本卷第86頁。

幕，合升斗者實倉廩。」尤其確證。本書當作「升斛」，「斛」是「斗」俗字。「鼓」字無義，是「斛」形誤。「升鼓」不辭，「升」是容積單位，「鼓」是重量單位，不是一類。又《白氏六帖事類集》、《類聚》引「微」作「穀」。

（33）合疏縷之綈以成幃幕（第 17 章）

按：孫星衍曰：「綈，《說苑》作『緯』，是。『綈』形近『緯』，故訛。」〔註92〕蘇輿曰：「《拾補》作『帷幕』，旁注云：『元刻綈似幃字。』」徐仁甫曰：「『綈』當為『細』字之聲誤。『細』、『微』義同。《說苑》蓋以『綈』字不通，易為『緯』耳。」幃幕，浙刻本、指海本同，明活字本、顧氏重刻本、日本鈔本作「綈幕」，四庫本作「帷幕」。《說苑·正諫》作「合疏縷之緯以成幃幕」，《初學記》卷 25、《錦繡萬花谷》續集卷 6 引「幃」作「帷」。幃，讀作帷，古字作匫，帳幕也。

（34）公曰：「善！寡人自知誠費財勞民，以為無功，又從而怨之，是寡人之罪也！」（第 18 章）

按：長孫元齡曰：「『怨』當作『恕』。」其說無據。怨者，怨臺高也。

（35）公愀然而歎曰（第 19 章）

按：孫星衍曰：「愀，『愁』字異文。」張純一從其說。孫說蓋以為「憂愁」義，非是。愀，讀作慽。《禮記·哀公問》：「孔子愀然作色。」鄭玄注：「愀然，變動貌也。」《家語·致思》、《說苑·至公》同，《韓子·外儲說左下》作「慽然」。字又作蹴、蹙，《內篇雜下》「公愀然改容」，《內篇諫上》「晏子蹴然改容曰」。《外篇》「晏子蹙然辟位」，《說苑·奉使》作「慽然」。音轉亦作造，《淮南子·道應篇》「孔子造然革容曰」，是其例。

（36）服牛死，夫婦哭（第 19 章）

按：孫星衍曰：「服牛，服駕之牛。」服，讀作犕。

（37）今公之牛馬老於欄牢，不勝服也（第 19 章）

按：孫星衍曰：「『欄』當為『闌』，《玉篇》：『欄，木欄也，力寒切。』」張純一曰：「《御覽》卷 899 引作『牛老於闌牢』，無『馬』字，是。」吳則虞

〔註92〕吳則虞誤以「是綈形近緯」五字為句。

曰：「《御覽》卷 899 引『牢』作『罕』，誤；無『馬』字。」王叔岷曰：「《事類賦注》卷 22 引亦作『今公之牛老於闌牢』。」宋本《御覽》卷 899 引「闌」作「蘭」（四庫本作「闌」）。孫氏說其本字，是也。《廣雅》：「闌，牢也。」王念孫曰：「闌之言遮闌也。《晏子春秋・諫篇》云：『牛馬老於闌牢。』《鹽鐵論・後刑篇》云：『是猶開其闌牢，發以毒矢也。』《漢書・王莽傳》云：『與牛馬同蘭。』並字異而義同。」〔註93〕服，亦讀作牝。

（38）車蠹于巨戶，不勝乘也（第 19 章）

按：孫詒讓曰：「『巨』疑當為『庌』，『庌』省為『牙』，又訛為『巨』。《周禮・圉師》云『夏庌馬』，鄭注云：『庌，廡也，廡所以庇馬涼。』是庌以繫馬，或并以藏車與？」劉師培曰：「《事類賦注》卷 22 引『巨戶』作『瓦石』，《御覽》卷 899 引作『車尾而不服乘也』，並誤。」吳則虞曰：「宋本《御覽》卷 899 引作『車蠹于瓦石，不服乘也』。」四庫本《御覽》『服』作『勝』，餘同宋本，《事類賦注》卷 22 同，劉氏蓋誤記。「瓦石」非其誼，孫校作「庌戶」亦不辭。巨，讀作宇，字亦作宇，屋簷。《詩・七月》：「七月在野，八月在宇，九月在戶。」合言則曰「宇戶」。車蠹于宇戶，指車蠹壞於屋簷下及門口。

（39）府粟鬱而不勝食（第 19 章）

按：《廣雅》：「鬱，臭也。」王念孫引此文為證，指腐臭〔註94〕。《御覽》卷 649 引作「菽粟鬱積，不勝食也」，蓋不得其義而妄改，盧文弨從其校改，非是。

（40）景公成路寢之臺（第 20 章）

按：吳則虞曰：「《御覽》卷 555 引『臺』作『基』。作『基』者是，見『牖下』釋。」下文「于何之母死，兆在路寢之臺牖下」，孫星衍作「墉」字，云：「『墉』當為『墉』，牆也。《集韻》或作『牖』，《玉篇》猶無『牖』字。」蘇輿曰：「《治要》『牖』作『墉』。」吳則虞曰：「活字本、嘉靖本、吳勉學本、子彙本、楊本作『墉』，下同。《書鈔》卷 92、《御覽》作『牖』。作『墉』者

〔註93〕王念孫《廣雅疏證》，收入徐復主編《廣雅詁林》，江蘇古籍出版社 1992 年版，第 532 頁。
〔註94〕王念孫《廣雅疏證》，收入徐復主編《廣雅詁林》，江蘇古籍出版社 1992 年版，第 631 頁。

是。此云『成路寢之基』，是基成而臺猶未築也。逢于何父蓋先葬於此，故于何有求母合築之謂，許葬而後去。苟臺已成，必毀臺而後能葬，下無毀臺之言，故知『臺』、『基』，『牖』、『墉』，皆形近致訛。」吳說作「基」，非是。顧氏重刻本、日本鈔本作「牖」，四庫本、浙刻本、指海本作「牖」，《冊府元龜》卷 242 亦作「牖」。「牖」字有二用，一是「墉」異體，一是「牖」形訛〔註95〕。此文「牖」當是「牖」形訛。王念孫亦曰：「牖，俗『墉』字，謂兆在路寢臺之牆下也。『牖』本或作『牖』，非。」《禮記·檀弓上》孔疏、《書鈔》卷 92、《治要》卷 33 引俱作「臺」，《御覽》作「基」是「臺」形訛，吳說俱矣。臺乃有牆，基何得有牆？葬于牆下，又何須毀臺？

（41）願請命合骨（第 20 章）

按：蘇輿曰：「《拾補》無『命』字，注云：『命字衍。』《治要》正無『命』字。」吳則虞曰：「《御覽》卷 555 引亦無『命』字，指海本刪『命』字。」《書鈔》卷 92 引亦無「命」字。蓋「合」形誤作「令」，又易作「命」，後人旁注之而致衍。

（42）晏子曰：「嘻！難哉！雖然，嬰將為子復之，適為不得，子將若何？」（第 20 章）

按：陶鴻慶曰：「適，丁歷反，專適也。言復於君而必不得請，則子將若何也。」于省吾曰：「按『適』、『啻』古字通。啻，但也，為，猶如也。言雖復之，但如不得，子將若何乎。」陶說不通，于說尤誤。「啻」訓但，是副詞「僅」、「只」義，而不是轉語辭。張純一曰：「言或不得其請。」裴學海曰：「適，猶若也。下『為』字訓『是』。」〔註96〕劉如瑛說同。錢鍾書解「適」作「倘若」〔註97〕。皆得之。

（43）吾將左手擁格，右手梱心，立餓枯槁而死（第 20 章）

按：孫星衍曰：「《說文》：『格，木長皃。』『梱』同『稇』，《說文》：『絭束也。』《爾雅》云：『稇，樸心。』『心』蓋木名。或曰：『格』即『骼』假音，則『心』即人心。」盧文弨曰：「格，杙也。『梱』當為『捆』，叩椓也。」

〔註95〕P.3693V《箋注本切韻》：「牖、誘：《說文》：『相呼誘也。』從厶羑聲作羑，二同。」此字是「牖」，正「牖」形訛。
〔註96〕裴學海《古書虛字集釋》，中華書局 1954 年版，第 798 頁。
〔註97〕錢鍾書《管錐編》，中華書局 1986 年版，第 1176 頁。

王念孫曰：「按孫說『擁格』、『梱心』皆謬，盧以『格』為杙，亦非。予謂『格』即『輅』字，謂柩車轅上橫木所以屬引者也……盧以『梱』為叩椓是也。梱心云者，猶《禮》言『拊心』耳。」蘇輿從王說，錢熙祚校語同，是也。本書《外篇》「擁轅執輅，木乾鳥棲」，與此文義相近，字正作「輅」。梱心，黃以周從盧說，是也，即二漢人之言「叩心」。「梱」正字當作「摑」，《說文》：「摑，手推（椎）之也。」〔註98〕桂馥謂「格」借作「鬲（隔）」，指心下的鬲膜〔註99〕，非是，鬲不得言擁。

（44）遂入見公（第20章）

按：孫星衍曰：「見，《御覽》作『白』。」《書鈔》卷92引作「晏子白公」，亦作「白」，然恐係臆改，《治要》卷33引同今本。

（45）子亦嘗聞請葬人主之宮者乎（第20章）

按：盧文弨「葬」上補「合」字，注云：「脫，從《書鈔》卷92補。」指海本據補「合」字。不補亦通，《治要》卷33、《御覽》卷555、《冊府元龜》卷242引無「合」字。

（46）今君侈為宮室，奪人之居；廣為臺榭，殘人之墓，是生者愁憂，不得安處，死者離易，不得合骨（第20章）

按：蘇輿曰：「《治要》『安』作『驪』，『易』作『析』。」吳則虞曰：「《元龜》亦作『驪』。」侈，讀作奓，亦廣也，大也。《說文》：「奓，廣也。」下文「豐樂侈遊」，《內篇問上》「不以宮室之侈勞人之力」，亦同。易，讀作析〔註100〕。

（47）生者不得安，命之曰蓄憂；死者不得葬，命之曰蓄哀（第20章）

按：蘇輿曰：「《治要》無『得』字，下同。」吳則虞曰：「《御覽》亦無『得』字，《書鈔》有。以下句例之，有者是。《書鈔》『蓄』作『畜』。」吳氏失檢。

〔註98〕桂馥謂「推」當作「椎」，王筠從其說，是也。蔣斧印本《唐韻殘卷》、P.3694V《箋注本切韻》、《集韻》引《說文》並作「手推」。P.2011王仁昫《刊謬補缺切韻》、《玉篇》、《廣韻》亦釋作「手推」，《廣韻》又釋作「梱推」，誤作「推」字甚早。桂馥《說文解字義證》，王筠《說文解字句讀》，並收入丁福保《說文解字詁林》，中華書局1988年版，第11930頁。

〔註99〕桂馥《說文解字義證》，齊魯書社1987年版，第341頁。

〔註100〕參見蕭旭《S.617〈俗務要名林〉疏證》，收入《敦煌文獻校讀記》，花木蘭文化出版社2019年版，第88～89頁。

《書鈔》卷 92 引無二「得」字，《御覽》卷 555 引「蓄」亦作「畜」。

（48）是于生者無施，于死者無禮（第 20 章）

按：施，古音同「易」，讀為益。字亦作貤，《廣雅》：「貤，益也。」

（49）景公之嬖妾嬰子死，公守之，三日不食，膚著于席不去（第 21 章）

按：陶鴻慶曰：「『膚著于席不去』六字，語不可曉，疑『食』本作『斂』，『不去』二字當在『公守之』下。」陶氏妄改，毫無依據。《意林》卷 1、《永樂大典》卷 913 引語序同今本，唯《意林》「席」下增一「而」字。徐仁甫讀膚為敷，訓作鋪陳，是也。

（50）公作色不說，曰：「夫子以醫命寡人，而不使視，將斂而不以聞，吾之為君，名而已矣。」（第 21 章）

按：吳則虞曰：「《御覽》作『吾為君紿而已矣』，是也。此非擅攬朝政，似不當有『祭則寡人』之歎，蓋『紿』字殘為『台』，又誤為『名』，言為汝所欺也。」吳說非是，景公稱晏子為「子」或「夫子」，不稱為「君」。《御覽》卷 395 引作「紿」，乃「名」之誤。

（51）且古聖王畜私不傷行（第 21 章）

按：蘇時學曰：「此語見《墨子》。」吳則虞曰：「見《辭過篇》『雖上世至聖必蓄私，不以傷行』。」顧千里校《墨子》引此文為證〔註101〕，當即蘇說所本。

（52）即畢斂，不留生事（第 21 章）

按：王念孫曰：「按『即畢斂』三字語意不完。『即』上當有『死』字，而今本脫之。『死即畢斂』正承上文『斂死』而言。」張純一曰：「『留』字義不可通，疑本作『害』。」吳則虞曰：「王說是也，當據補『死』字。又據下句例之，『不』下當增『以』字。張說未審。下句有『今朽尸以留生』，即承此而來，非誤字也。《荀子·禮論篇》：『然而幸生之心未已，持生之事未輟也。』此云『留生事』者，即『持生之事』。」王叔岷曰：「留謂阻留也，與『害』義近，無煩改字，下文『今朽尸以留生』，即承此言之，則『留』非

誤字明矣。《新序‧節士篇》『無留吾事』，與此『留』字同義。」吳、王二氏謂「留」字不誤，是也，但吳氏引《荀子》說之，則非是。留，留滯、荒廢、耽擱。王叔岷引《新序》是也，本書《外篇下》：「以為煩人留日。」又「以為費財留工。」《說苑‧談叢》：「毒智者莫甚於酒，留事者莫甚於樂。」「留」字義亦同。《莊子‧天地》：「無乏吾事。」《釋文》：「乏，廢也。」上文「無落吾事。」《釋文》：「落，猶廢也。」乏讀為罷，義亦合。留生事，耽誤生者之事。張純一解下文「今朽尸以留生」云「今以朽尸稽留之，望其復生」，大誤。

（53）有司未能我具也，則據以其所有共我（第22章）

按：蘇時學曰：「共，讀如供。」吳則虞曰：「《治要》正作『供』。元本作『其』，綿眇閣本、吳勉學本、子彙本作『具』。」《治要》卷33引「具」、「共」並作「供」。四庫本、浙刻本作「具」，日本鈔本作「其」，明活字本、顧氏重刻本作「共」，指海本據《治要》改作「共」。「具」、「其」都是「共」形訛，讀作供。

（54）妻專其夫，謂之嫉（第22章）

按：蘇輿曰：「《治要》有『妒』字。」吳則虞曰：「作『妒嫉』者是，《長短經‧反經》引正如此。」《長短經》引作「嫉妒」。吳氏誤記。《治要》引作「嫉妬」。

（55）皆反其桃，挈領而死（第24章）

按：孫星衍曰：「《後漢書》注作『契領』，是。《爾雅》：『契，絕也。』《詩》傳：『領，頸也。』《類聚》作『刎頸』。」洪頤煊曰：「『挈』通作『契』，《爾雅》：『契，絕也。』郭注：『今江東呼刻斷物為契斷。』張純一曰：『『挈』、『契』古通用。」吳則虞曰：「《御覽》卷967、《合璧事類》別集卷42及《柳文》卷4注俱作『契領』。」王叔岷曰：「《事類賦注》卷26、《記纂淵海》卷92引『挈』並作『契』。」字亦作「絜領」、「折頸」，挈、契、絜、折一音之轉〔註102〕。

（56）二子同桃而節，冶專其桃而宜（第24章）

〔註102〕 參見蕭旭《賈子校補》，收入《群書校補（續）》，花木蘭文化出版社2014年版，第689～690頁。

按：盧文弨曰：「其，元刻無。」黃以周曰：「元刻無『其』字。『同桃』、『專桃』對文，『其』字衍文。」王叔岷曰：「明活字本、子彙本亦並無『其』字。」顧氏重刻本、四庫本、日本鈔本俱無「其」字，《冊府元龜》卷734、847同。黃之寀本、浙刻本、指海本衍「其」字。于鬯疑「同」當作「反」，非是。

（57）景公登射，晏子修禮而侍（第25章）

按：劉師培：「《說苑·修文篇》同。《書鈔》卷80引《說苑》作『登酌』，《御覽》卷523、《玉海》卷73引《說苑》作『登酎』。《說苑》『侍』作『待』，《玉海》引《說苑》作『晏子修食禮以待』。」吳則虞曰：「今本《說苑》作『登射』。此諸侯大射禮也，作『酌』誤。『登』者，齊人言也。《公羊·隱五年傳》『登來之也』，注：『登，讀言得。』登來即來，登、得皆發語詞。此云『登射』，即射也。《射義》曰：『古者諸侯之射也，必先行燕禮。』《說苑》作『修食禮』，即指射日陳燕具席位諸事。」趙萬里校《說苑》曰：「登射，《書鈔》卷80引作『登酌』，《御覽》卷523及《玉海》卷73引作『登酎』是也。晏公登酎，猶《左氏傳》之嘗酎矣。」〔註103〕《永樂大典》卷11848引《說苑》亦作「登酎」。修禮，《御覽》卷523、《永樂大典》引《說苑》亦作「修食禮」。吳則虞說諸侯大射禮，是也，「射」形誤作「酎」，復誤作「酌」。下文云「選射之禮」，足證字當作「射」。但吳氏謂「登」是發語詞，則誤。登，動詞，進也。《詩·賓之初筵》：「射夫既同，獻爾發功。」鄭玄箋：「射夫，眾射者也。獻，猶奏也。既比眾耦，乃誘射。射者乃登射，各奏其發矢中的之功。」

《內篇問上》第三校補

（1）愎諫傲賢者之言（第1章）

按：王念孫、黃以周據《治要》及文例刪「之言」二字。傲，讀作嫯。《說文》：「嫯，侮易（傷）也。」猶言輕慢。第5章「景公外傲諸侯，內輕百姓」，第7章「貴不凌賤，富不傲貧」，第12章「傲民舉事」，第17章「在上不犯下，在治不傲窮」〔註104〕，亦同。

〔註103〕趙萬里《說苑斠補》，《國學論叢》第1卷第4期，1928年版，第173頁。
〔註104〕銀雀山漢簡本「在」形誤作「任」。

（2）今君好酒而辟，德無以安國，厚藉斂，意使令，無以和民（第 3 章）

按：孫星衍曰：「任意使人。」王念孫曰：「案『意』字文義不順，孫加『任』字以釋之，亦近於牽彊。『意』疑是『急』字之誤，令急則民怨，故曰『無以和民』。」王說是也，裘錫圭指出銀雀山漢簡本正作「急」字〔註 105〕。急使令，謂使用民力過度也。考第 7 章云「使民若不勝，藉斂若不得」，《外篇下》「籍斂過量，使令過任」，是其誼也。第 19 章云「儉於藉斂……使民不盡力」，《內篇諫上》「使令不勞力，籍斂不費民」，是其反文。張純一、吳則虞據文例於「無以和民」上補「政」字，是也，漢簡作「正」。駢宇騫指出「辟」上據漢簡補「養」字。

（3）不劫人以甲兵，不威人以眾彊，故天下皆欲其彊（第 5 章）

按：黃以周曰：「甲兵，元刻作『兵甲』，下云『劫人以兵甲』，元刻是。」劉師培曰：「『眾彊』當從《元龜》作『眾疆』，即廣土也。與『兵甲』對文，一言兵力，一言土地，若如今本，則與下句『彊』字複。」王叔岷曰：「黃說是，明活字本亦作『兵甲』。」顧氏重刻本、指海本、日本鈔本俱作「兵甲」，《冊府元龜》卷 242 同。劉說非是，《冊府元龜》引仍作「彊」，不作「疆」。《內篇諫下》「勇士不以眾彊凌孤獨」，《內篇問下》「不以眾強（彊）兼人之地」，《內篇雜下》「眾而無義，彊而無禮」，皆「彊」字不誤之證。《墨子·號令》：「諸以眾彊凌弱少及彊姦人婦女，以謼譁者，皆斷。」亦其證。

（4）吳越受令，荊楚惛憂（第 7 章）

按：孫星衍曰：「惛，《說文》：『不憭也。』」王念孫曰：「惛者，『悶』之借字也。《呂氏春秋·本生篇》『下為匹夫而不惛』，高注曰：『惛，讀憂悶之悶。』故曰『荊楚惛憂』。孫引《說文》『惛，不憭也』，亦非。」張純一從王說。于省吾曰：「按孫說既非，王說亦誤。『悶憂』不詞，且國不應以悶憂為言也。『惛』應讀作䁑，古『聞』字，《說文》古文『聞』作『䁑』。憂，懼也，『憂』與『懼』義相因。荊楚聞憂，言荊楚聞而恐懼也。上云『吳越受令』，文正相對。」王淑玫從于說。王念孫說是也，「悶憂」即「憂悶」之倒文，悶亦憂也，同義複詞，不得謂之不辭。此文言齊國有管仲，則吳越受令、荊楚悶憂，言楚國憂懼而不得安居耳。《外篇下》：「仲尼相魯，景公患之，謂晏子

〔註 105〕裘錫圭《用出土文字資料檢驗清儒在語文學方面的一些具體見解》，收入《裘錫圭學術文集》卷 4，復旦大學出版社 2012 年版，第 305 頁。

曰：『隣國有聖人，敵國之憂也。』」亦相仿佛。于氏讀作「聞憂」，解作「聞而恐懼」，又怎得與「受令」對文？

（5）昔吾先君桓公，能任用賢（第7章）

按：日本鈔本上方有紅色校語云：「『能』、『任』疑倒。」陳霞村謂當作「任用賢能」或「任能用賢」〔註106〕。其說是也，「舉賢任能」、「使賢任能」是古書習語，清華簡（八）《治邦之道》有「事（使）臤（賢）甬（用）能」語。

（6）功不遺罷，佞不吐愚（第7章）

按：罷，吳刻本、顧氏重刊本脫誤作「能」。俞樾曰：「『吐』當作『咄』，『咄』者『詘』之假字。佞不詘愚，言不以佞而詘愚也。佞者，有才辯之稱，故與愚相對。正與上文『貴不凌賤，富不傲貧，功不遺罷』一律。」黃以周、于鬯、吳則虞從俞說。于氏又曰：「『遺』蓋『遣』字形近之誤。『遣』者『譴』之假字。譴，謫問也，呵也。功不譴罷者，罷謂無功者也，言不以有功而呵遣無功者，與上文『貴不凌賤，富不傲貧』、下文『佞不吐愚』義同一律。」吳氏又曰：「凌本正作『遣』。」劉師培曰：「『吐』當作『杜』，塞也。杜愚者，猶言妨塞之使不得上達也，俞說非。」張純一曰：「《問下》第24章曰『齊尚而不以遺罷』，『不遺罷』為《晏子》之雅言。吐，棄也，《一切經音義》卷11引《蒼頡》。」張氏校《問下》曰：「《荀子·非相篇》曰：『君子尊賢而能容罷。』案：『不遺罷』與『能容罷』，文異而義同。」〔註107〕劉如瑛曰：「遺，遺棄，與『吐』義同。《玄應音義》卷11引《蒼頡篇》：『吐，棄也。』」張純一、劉如瑛說是。各本俱作「遺」字，凌本不可據。《荀子·正論》：「故盜不竊，賊不刺，狗豕吐菽粟，而農賈皆能以貨財讓。」郝懿行曰：「吐者，棄也（《倉頡篇》）。此蓋極言菽粟之多耳，非食而吐之也。」王先謙、孫詒讓並從其說〔註108〕。《漢書·外戚傳》：「今見我毀壞，顏色非故，必畏惡，〔有〕吐棄我意。」〔註109〕「吐棄」同義複詞。此文二句言有功者

〔註106〕陳霞村《〈晏子春秋集釋〉管見》，《古籍整理研究學刊》1990年第3期，第32頁。

〔註107〕張純一《晏子春秋校注》，世界書局1935年版，第118頁。

〔註108〕郝懿行《荀子補注》卷下，收入《郝懿行集》第6冊，齊魯書社2010年版，第4612頁。王先謙《荀子集解》，中華書局1988年版，第338頁。孫詒讓《荀子校勘記》，收入《籀𪧹遺著輯存》，中華書局2010年版，第550頁。

〔註109〕「有」字據《御覽》卷136引補，《漢紀》卷14同。

不遺棄罷弱者，有才者亦不遺棄愚陋者。《荀子·非相》「知而能容愚」，即此「佞不吐愚」之誼。《金樓子·立言篇上》：「富貴不可以傲貧，賢明不可以輕暗。」文義亦近。

（7）府無藏，倉無粟（第7章）

按：《管子·山至數》論「王者藏於民」云：「故賦無錢布，府無藏財，貲藏於民。」《管子·權修篇》：「府不積貨，藏於民也。」《淮南子·人間篇》：「西門豹治鄴，廩無積粟，府無儲錢，庫無甲兵，官無計會。」皆足互證。

（8）上無驕行，下無謟德（第7章）

按：二句亦見下第17章。謟，顧氏重刊本、浙刻本同，明活字本、四庫本、指海本、日本鈔本誤作「謟」。

（9）是以管子能以齊國免於難，而以吾先君參乎天子（第7章）

按：二「以」，猶使也。參，比也，同也。

（10）今君欲彰先君之功烈，而繼管子之業，則無以多辟傷百姓，無以嗜欲玩好怨諸侯（第7章）

按：「多」是「侈」省文。「多辟」即「侈辟」，承上文「不以飲食之辟，害民之財；不以宮室之侈，勞人之力」而言。

（11）是以上不能養其下，下不能事其上，上下不能相收（第8章）

按：下文云「是以上能養其下，下能事其上，上下相收」。第18章：「養民不苛，而防之以刑辟。」吳則虞曰：「《廣雅》：『養，使也。』」〔註110〕此文亦當同義，與「事」對文。《墨子·尚同下》：「今此何為人上而不能治其下，為人下而不能事其上？則是上下相賤（殘）也。」「治」字是其誼。收，聚也，合也。張純一以「互收其利益」說之，非是。

（12）置表甚長（第9章）

按：《韓詩外傳》卷7、《說苑·政理》同。置，讀作植，立也，樹也。《淮南子·說林篇》：「植表而望則不惑。」

〔註110〕吳則虞《晏子春秋集釋》，國家圖書館出版社2011年版，第171頁。

（13）而酒酸不售（第9章）

按：陶鴻慶曰：「『而』字當在『酒酸』下。下文云『此酒所以酸而不售也』，是其證。」吳則虞曰：「陶說是也，《外傳》作『然至酒酸而不售』，亦其證。」陶說非也，此文亦通。《說苑・政理》同此文，《韓子・外儲說右上》作「然不售酒酸」，《御覽》卷828引《韓子》作「然而酒酸不售」。「而」、「然」都是轉折詞，猶言「然而」。

（14）節宮室，不敢大斬伐，以無偪山林；節飲食，無多畋漁，以無偪川澤（第10章）

按：蘇輿曰：「《治要》『畋』作『田』，『澤』作『浦』，下並同。」天明本《治要》卷33上方校語云：「『浦』作「澤」，下同。」「浦」字誤，日本古鈔本《治要》已誤。銀雀山漢簡本「偪」作「服」，借字。馬王堆帛書《十大經・三禁》「毋服川」，亦作借字。據文例，「無」下當有「敢」字，漢簡有之，《治要》引已脫。

（15）請革心易行（第10章）

按：《漢書・嚴助傳》：「願革心易行。」顏師古曰：「革，改也。」革、改一聲之轉。

（16）不淫於樂，不遁於哀（第11章）

按：張純一曰：「遁，讀為循。《墨子・非儒》『宗喪循哀』可證。」吳則虞從其說。張氏乃襲王念孫說耳，吳氏失檢。《外篇下》：「久喪道哀費日，不可使子民。」王念孫曰：「『道』當為『遁』，字之誤也。『遁』與『循』同，《墨子・非儒篇》曰：『宗喪循哀，不可使慈民。』文義正與此同。《問上篇》曰：『不淫於樂，不遁於哀。』即循哀也。循之言遂也。遂哀，謂哀而不止也。說見《諫下篇》『脩哀』下。」王說是，銀雀山漢簡本《晏子》正作「循哀」。

（17）為政尚相利，故下不以相害；行教尚相愛，故民不以相惡為名（第11章）

按：王念孫據《治要》卷33校作「政尚相利，故下不以相害為行；教尚相愛，故民不以相惡為名」，劉師培指出「《元龜》略同」，皆是也，而尚未盡。「利」當據《冊府元龜》卷242校作「和」，形近致訛，《治要》引亦誤。本篇第3章：「且嬰聞之：伐人者德足以安其國，政足以和其民，國安民和，然

後可以舉兵而征暴。今君好酒而辟，德無以安國，厚藉斂，意（急）使令，〔政〕無以和民。德無以安之則危，政無以和之則亂，未免乎危亂之理，而欲伐安和之國，不可。」本篇第 22 章：「藉斂和乎〔民〕。」〔註111〕尤其確證。本篇第 10 章「政必合乎民」，合亦和也。

（18）刑罰中於法，廢罪順於民（第 11 章）

按：俞樾曰：「『廢罪』當作『廢置』，字之誤也。舉直錯諸枉，則民服，是謂『廢置順於民』。」黃以周從俞說，非是，《治要》卷 33、《冊府元龜》卷 242 並作「廢罪」。廢，舍也，除也，釋也。《書·大禹謨》：「帝念哉，念茲在茲，釋茲在茲。」孔傳：「釋，廢也。念此人在此功，廢此人在此罪。」孔疏：「釋為舍義，故為廢也。下云『惟帝念功』，念是念功，知廢是廢罪。言念廢必依其實，不可誣罔也。」是「廢罪」指廢除民之一部分罪責。本篇第 5 章：「輕罪省功，而百姓親。」「輕罪省功」即是「念功廢罪」之誼。

（19）是以賢者處上而不華，不肖者處下而不怨（第 11 章）

按：蘇輿曰：「『不華』即下第 20 章所謂『諫乎前不華乎外』意。」陶鴻慶曰：「華讀為譁，《孫卿子·子道篇》云：『奮於言者華，奮於行者伐。』《韓詩外傳》作『慎於言者不譁，慎於行者不伐』，是其例也。《說文》：『譁，讙也。』後第 20 章『諫於前不華於外』，《問下》第 8 章『通人不華』，第 19 章『夸禮貌以華世』，第 24 章『不以傲上華世』，並當讀為譁。」王淑玟從陶說。張純一曰：「《鹽鐵論·論誹篇》：『晏子有言：儒者華於言而寡於實，繁於樂而舒於民。』華，浮華，不必讀為譁。」劉如瑛曰：「華，當作『夸』，驕矜、夸奢之意。」〔註112〕陶氏謂諸文「華」同義，是也，但讀為譁訓作讙則誤。華、譁，並讀作夸〔註113〕，劉如瑛說是。《荀子》、《外傳》「華（譁）」與「伐」同義對舉，皆矜夸義。《內篇問下》：「省行而不伐，讓利而不夸。」正作本字「夸」，與「伐」同義對舉，此其確證。本篇第 20 章「不華於外」，孫星衍曰：「不華，不喧嘩也。」劉師培曰：「『華』為侈飾之誼。」俱非是。

〔註111〕「民」字據《治要》卷 33 引補。
〔註112〕劉如瑛《詞典釋文與詞義探討》，《語言研究集刊》第 3 輯，江蘇教育出版社 1989 年版，第 141 頁。
〔註113〕另參見蕭旭《〈大戴禮記〉拾詁》，《澳門文獻信息學刊》第 5 期，2011 年 10 月出版，第 117 頁。

（20）晏子曰：「臣聞問道者更正，聞道者更容。」（第 11 章）

按：張純一曰：「『正』疑『心』訛，『更心』與『更容』對文。」錢賓四曰：「『正』疑『坐』字形近而訛。」〔註 114〕徐仁甫曰：「『正』疑『坐』訛。『問道者更坐』即《曲禮》所謂『請業則起，請益則起』也。」余謂「正」是「止」訛，「止」與「容」對文，猶言容止、禮貌也。《廣雅》：「止，禮也。」《莊子・德充符》「子產蹴然改容更貌曰」，「更止更容」即「改容更貌」，狀其肅敬，言改其容貌而禮敬之也。更、改一聲之轉。四庫本「正」作「政」，非是。

（21）宮室不飾，業土不成（第 11 章）

按：顧廣圻曰：「業土，當作『業之』。」劉師培曰：「《元龜》『土』作『工』。」長孫元齡曰：「業土，已築而未成者，若《孟子》之『業屨』是也。」吳則虞曰：「顧說非。」顧氏改字固誤，長孫氏解「業」作「已經」亦誤。《冊府元龜》卷 242「土」作「工」，形近而訛。業，事功也。業土，疑當乙作「土業」，猶言土功、土事。《內篇諫下》：「土事不文，木事不鏤。」

（22）謀度於義者必得，事因於民者必成（第 12 章）

按：王念孫曰：「度之言宅也。宅者，居也，謂謀必居于義也。」王淑玫從其說。王說不洽。《左傳・襄公四年》：「咨禮為度。」《國語・魯語下》：「咨事為謀，咨義為度。」韋昭注：「咨禮義為度。度亦謀也。」度於義，諮詢於禮義也。因，順也，下文「不違民」是其誼也。

（23）國有義勞，民有如利（第 12 章）

按：孫星衍曰：「『如』字疑誤。」王念孫曰：「『如』當為『加』字之誤。民有加利，謂一舉事而利加于民也。前第 4 章曰『上有羨獲，下有加利』，語意與此相似。又曰『破鬢之臣，東邑之卒，皆有加利』，此皆『加利』二字之證。」黃以周從王說。蘇輿曰：「義勞，言所勞俱為義，不同妄勞，故曰『義勞』。『勞』與『利』對文，言國雖勞而民利也。」劉師培曰：「『義』當作『羨』，勞訓為賜。即前第 4 章之『上有羨獲，下有加利』也。」陶鴻慶曰：「『如利』當為『加利』，王氏已正之矣。『義勞』乃『羨榮』二字之誤。『羨』與『加』意相近，前第 4 章云『上有羨獲，下有加利』，亦以『羨』與『加』對文，可

〔註 114〕錢賓四《讀晏子春秋》，《弘毅月刊》十五周紀念特刊，1926 年版，第 72 頁。

證也。下文云『傲民舉事，雖成不榮』。國有羨榮者，猶言國有餘榮耳，誤作『義勞』，文義難通。」吳則虞從陶說。張純一曰：「秉國者以為民勤勞為正義。」王氏校「如」作「加」，劉、陶校「義」作「羨」，俱是也。「勞」字不誤，但蘇輿理解作「勞苦」則非是。勞，猶言事功。羨勞者，事功多也，與第4章「羨獲」同義。下文「傲民舉事，雖成不榮」與此文無涉。

（24）夫逃人而謨，雖成不安；傲民舉事，雖成不榮（第12章）

按：王念孫曰：「『人』當作『義』，方與上下文合。」黃以周曰：「謨，凌本作『謀』。」劉師培曰：「凌本作『謀』，是。《墨子·非儒下》云：『逃人而後謀。』」于省吾曰：「王念孫謂『人當作義，方與上下文合』。按『人』、『義』形異，無緣致誤，王說意改成文，殊無所據。『逃』應讀作慆……慆，慢也。『夫慆人而謨，雖成不安』與『傲民舉事，雖成不榮』，文例同。『慆人』即『慢人』，與『傲民』為對文。」王叔岷曰：「謨，黃之寀本、子彙本亦並作『謀』。明活字本與元本同。」「謨」雖有謀義，但此與上文相應，自當作「謀」，四庫本、指海本亦作「謀」。上文云「謀度於義者必得，事因於民者必成」，下文云「義，謀之法也」，此文反言之。王念孫謂「人」當作「義」，指海本據改，至確。「義」俗字作「义」、「乂」〔註115〕，因而形訛作「人」。劉師培引《墨子》「逃人而後謀」，與此文無涉。于省吾不顧文義，妄說通借，殊誤。傲，讀為謷、聱，與上文「因」反義。《玉篇》：「聱，《廣雅》云：『不入人語也。』《埤蒼》云：『不聽也。』」俗作「拗」字，違戾不順義。

（25）興事傷民（第12章）

按：「傷」當作「傷」，字之誤也。傷，輕慢也，俗省作易字。「興事傷民」與上文「傲民舉事」同義。傲讀作嫯，亦傷也。

（26）觀之以其游，說之以其行（第13章）

按：說，讀作閱，省視、考察。

（27）為君節養其餘以顧民，則君尊而民安（第14章）

按：錢賓四曰：「下『君』字疑當作『身』。」〔註116〕「顧」當作「順」，

〔註115〕參見劉復、李家瑞編《宋元以來俗字譜》，國立中央研究院史語所專刊之三，1930年版，第128頁。

〔註116〕錢賓四《讀晏子春秋》，《弘毅月刊》十五周紀念特刊，1926年版，第72頁。

字之誤也。本篇第 10 章云「節宮室……節飲食……是以神民俱順，而山川納祿」，與本文「節養其餘以順民」可以合證。第 11 章「廢罪順於民」，《內篇諫下》「用財之費順於民」，本篇第 12 章「事因於民」，因亦順也。

（28）不窮之以勞，不害之以實（第 18 章）

按：王念孫曰：「案『害之以實』義不可通，『實』本作『罰』，謂不以刑罰害民也。『窮之以勞』、『害之以罰』皆虐民之事。《治要》正作『不害之以罰』。」黃以周曰：「不窮之以勞，謂稱事。不害之以實，謂中聽。『實』當依《治要》作『罰』。」銀雀山漢簡同今本作「實」，駢宇騫曰：「王、黃說不足信。不窮之以勞，謂不以勞作使之窮也。不害之以實，謂不反以實情使之受害也。張純一校本改『實』為『罰』，非。孫星衍云『邪』、『實』為韻，是。」李詠健曰：「『實』讀為『斧質』之質……謂腰斬，乃古代酷刑，不害民以質，即不以酷刑殘害人民之意。」〔註 117〕李氏讀「實」作「質」自無問題，但解作「害之以斧質」云云，則是牽附之說。「實」同「寔」，古音是、帝相通〔註 118〕。寔，讀作諟，俗作諦。《說文》：「諟，罰也。」《廣雅》：「諦，責也。」諦、責一音之轉。《治要》引作「罰」，乃以訓詁字易之耳。

（29）謀而見從，終身不出，臣奚送焉（第 19 章）

按：盧文弨曰：「謀，《論衡·定賢》作『諫』。」張純一曰：「《御覽》亦作『諫』。」《新序·雜事五》亦作「諫」。蓋《晏子》自作「謀」，《治要》卷 33 引同，《說苑·臣術》亦同。《御覽》卷 621 引《晏子》作「諫」者，據《新序》改耳。《說苑》下文「諫而不見從」，疑亦後人所改。

（30）睹賢不居其上，受祿不過其量（第 20 章）

按：劉師培指出《潛夫論·交際篇》用上句。《潛夫論》見《德化篇》，劉氏誤記。張純一曰：「《管子·重令篇》曰『受祿不過其功』，義同。」《漢書·鼂錯傳》對策：「見賢不居其上，受祿不過其量。」此《晏子》必成書於西漢前之一證。

〔註 117〕 李詠健《銀雀山漢簡〈晏子春秋〉「實」字補釋》，《第二十九屆中國文字學國際學術研討會論文集》，臺灣國立中央大學 2018 年 5 月 18～19 日，第 296～298 頁。
〔註 118〕 例證參見張儒、劉毓慶《漢字通用聲素研究》，山西古籍出版社 2002 年版，第 508 頁。

（31）明言行之以飾身，偽言無欲以說人（第21章）

按：于鬯曰：「之，讀為止。」于說非是。「之」代指明言。

（32）觀上之所欲，而微為之偶，求君逼邇，而陰為之與（第21章）

按：吳則虞曰：「以上句例之，『君』下疑奪『之』字。」漢簡正有「之」字。駢宇騫謂「偶」當從漢簡本作「竊」，屬下為句。駢說未得。今本「求」上脫「竊」字，漢簡脫「偶」字。張純一指出「偶」、「與」合韻。

（33）其言彊梁而信，其進敏遜而順（第21章）

按：《玉篇》：「敏，敬也，莊也。」《廣韻》：「敏，敬也。」敏遜，猶言敬遜，故與「順」字連文。張純一解作「敏捷謙遜」《漢語大詞典》「敏遜」條同〔註119〕，解「敏」為「敏捷」，非是。

（34）晏子對曰：「嬰聞之，以邪蒞國，以暴和民者危。」（第23章）

按：陶鴻慶曰：「『和』當為『加』字之誤。」張純一曰：「『和』疑為『臨』，字之誤也。」王叔岷曰：「『和民』疑『治民』之誤。」劉如瑛曰：「當為『以暴知民』。知民，即治民、臨民。陶說未允。」王、劉說各備一通。「和」亦可能是「犯」字形訛，《韓子·十過》：「剛則犯民以暴。」又讀「和」為「禍」亦通。

（35）地不同生，而任之以一種，責其俱生不可得（第24章）

按：王念孫曰：「案『地不同生』文義不明，《治要》『生』作『宜』，是也。今作『生』者，涉下文『俱生』而誤。《周官·草人》『掌土化之法，以物地相其宜，而為之種』，故曰『地不同宜』。」俞樾曰：「案古『生』、『性』字通用。」陶鴻慶、張純一、吳則虞、王淑玫並從俞說。陶氏又曰：「責其俱生不可得，當作『不可責俱生』（責，求也）。與下文『人不同能，而任之以一事，不可責遍成』，文義一律，『生』與『成』亦為韻。」《通典》卷16引作「地不同宜，任之以〔一〕種，責其俱生不可得也」。是唐人所見本俱作「宜」字。

（36）責焉無已，智者有不能給；求焉無饜，天地有不能贍也（第24章）

按：孫星衍曰：「『贍』當為『詹』，足也。」蘇輿曰：「《治要》『給』作『洽』，非；句下有『矣』字。」張純一曰：「贍，《說文新附》：『給也。』

《小爾雅》：『足也。』」日本古鈔本《治要》卷 33 引作「給」，《通典》卷 16 引同，天明刊本《治要》誤作「洽」字。給亦足也。《說文》：「給，相足也。」

（37）國貧而好大，智薄而好專（第 25 章）

按：大，奢侈，字亦作忕、汏、泰、慦，奢侈。蔣斧印本《唐韻殘卷》：「忕，奢。」

（38）貴賤無親焉，大臣無禮焉（第 25 章）

按：陶鴻慶曰：「『貴賤無親』文不成義，『賤』當為『戚』，涉下文『賤賢人』而誤。《問上》第 5 章云『貴戚離散』，是其證也。古『無』、『不』通用，『貴戚無親』、『大臣無禮』，猶言不親貴戚，不禮大臣耳。」陶說非是。貴賤，猶言上下。貴賤無親，指上下相離而不親近。大臣無禮，指大臣無禮於上。《內篇諫上》：「上下交離，君臣無親。」

（39）肅於罪誅，而慢於慶賞（第 25 章）

按：文廷式曰：「肅，疾也。」肅，讀作速。張純一解「肅」作「嚴厲」，非是。

（40）賞不足以勸善，刑不足以防非（第 25 章）

按：《管子·內業》：「賞不足以勸善，刑不足以懲過。」《墨子·尚同中》：「賞譽不足以勸善，而刑罰不足以沮暴。」

（41）領民治民，勿使煩亂（第 26 章）

按：于鬯曰：「領，讀為令，號令也。」「領」讀如字，領亦治也，理也。

（42）是以明君居上，寡其官而多其行，拙于文而工於事，言不中不言，行不法不為也（第 27 章）

按：官，《舊唐書·薛登傳》《論選舉疏》引作「言」，是也。《禮記·緇衣》：「故君子寡言而行，以成其信。」

《內篇問下》第四校補

（1）遵海而南，至于琅琊（第 1 章）

按：孫星衍曰：「遵，一本作『尊』。」王念孫曰：「案《治要》載此文本

作『吾欲循海而南，至于琅邪』，《續漢書・郡國志》注亦云『吾循海而南』。今本『循海』作『尊海』，後人以《孟子》改之。」《太平寰宇記》卷 20 引《晏子》亦作「循」。《續漢書・郡國志》劉昭注作「吾循海而南，放乎琅邪」，未言出處，蓋引《孟子・梁惠王下》「遵海而南，放於琅邪」，下句「放」字同，因以知也，而易「遵」作訓詁字「循」。趙歧注：「遵，循也。放，至也。」

（2）故春省耕而補不足者謂之遊，秋省實而助不給者謂之豫（第 1 章）

按：孫星衍曰：「實，《孟子》作『斂』。《管子》作『春出厚（原）農事之不本者謂之遊，秋出補人之不足者謂之夕』。」〔註120〕《孟子・梁惠王下》作「春省耕而補不足，秋省斂而助不給」。《管子・戒篇》作「夕」，孫星衍曰：「夕、豫聲相近。《白帖》卷 36 引『夕』作『豫』。」宋翔鳳、孔廣森並說「夕」、「豫」音轉〔註121〕。戚學標亦曰：「『夕』即『豫』。」〔註122〕許瀚曰：「『夕』與『豫』古音同通用。」〔註123〕諸說皆是也。張文虎曰：「《白帖》引『夕』作『豫』。案『夕』字無義，蓋即『豫』旁『象』字壞文之僅存者。尹注無釋，則所見本未誤。」〔註124〕張說誤。《白氏六帖事類集》卷 11 引《管子》仍作「夕」。給亦足也。《說文》：「給，相足也。」

（3）貧苦不補，勞者不息（第 1 章）

按：孫星衍曰：「『苦』當為『者』，《孟子》作『饑者弗食』。」劉師培曰：「『補』疑『餔』叚，以食食人曰餔，即《孟子》之『食』也。《元龜》『苦』作『者』，義較長。」此文不必同《孟子》。《治要》卷 33 引同今本。「補」讀如字，即上文「補不足」之「補」。貧苦不補，猶言貧苦者未獲補助救濟，下文「吏所委發廩出粟，以予貧民」，即其反文。

（4）昔吾先君桓公，善飲酒，窮樂（第 2 章）

按：吳則虞曰：「『善』字恐衍。」「善」疑「喜」形訛。

〔註120〕孫星衍引「原」誤作「厚」，吳則虞照錄，而不知檢正。
〔註121〕三說並轉引自郭沫若《管子集校》，科學出版社 1956 年版，第 429～430 頁。
〔註122〕戚學標《毛詩證讀》，收入《續修四庫全書》第 64 冊，上海古籍出版社 2002 年版，第 345 頁。
〔註123〕許瀚《攀古小廬雜著》卷 4，收入《續修四庫全書》第 1160 冊，第 691 頁。
〔註124〕張文虎《舒藝室隨筆》卷 6，收入《續修四庫全書》第 1164 冊，第 390 頁。

（5）其濁無不雩途，其清無不灑除（第4章）

按：孫星衍曰：「今本作『不無』，據《類聚》改。途，《白帖》作『塗』。《說文》：『汙，涂也。』〔註125〕『雩途』即『汙涂』，謂涂墍。灑，《白帖》作『洒』，洗滌也。」洪頤煊曰：「《文選·運命論》李善注引作『無不采塗』。《匡謬正俗》：『古文采字多作案。』《禮記·學記》『水無當於五色，五色弗得不章』，故曰『無不采塗』。」黃以周從洪說。吳則虞曰：「《類聚》卷8、《白帖》卷6引作『其濁無不塗，其清無不灑（洒）』〔註126〕，《文選·運命論》注引作『其濁無不采塗，其清無不灑除』，《御覽》卷59引作『其濁無不塗，其清無不掃』。」《說文》：「洒，滌也。古文為灑埽字。」訓滌讀先禮切，灑埽字的「洒」讀所賣切。《類聚》、《白帖》引作「洒」，是「灑」字古文，孫星衍訓作洗滌，非是。洪頤煊說亦誤，《文選》注引作「案」，是「洒」音誤。桂馥引李善引《晏子》「其濁無不案」，以證《說文》「案，悉也，知案諦也」〔註127〕，尤是大誤。

（6）稱身居位，不為苟進；稱事授祿，不為苟得（第5章）

按：蘇輿曰：「《治要》『授』作『受』，《拾補》亦作『受』，旁注『授』字。作『受』是。」蘇說是，黃以周亦從盧校。《淮南子·人間篇》：「是故忠臣事君也，計功而受賞，不為苟得；積力而受官，不貪爵祿。其所能者受之勿辭也，其所不能者與之勿喜也。」與此篇可互證。二「為」字，猶求也。

（7）下無諱言，官無怨治（第8章）

按：文廷式曰：「此文疑當作『官無諱言，下無怨治』。《老子》曰『國多忌諱而民彌貧』，『諱言』自當指在官者言之。又下文晏子對吳王曰『民無怨治』，『怨治』自當屬在下者言之。傳者誤易耳（《雜篇》有『民無諱言』語，對君上好善言之，蓋臣、民通稱也）。」劉師培曰：「怨亦讀為宛，字與『蘊』同。猶言無鬱積不通之治也。下文『窮民無怨』，猶言窮民無所鬱結也。下節『民無怨治』、『民多怨治』亦然，兩『民』字疑當作『官』。本書『蘊』多作『怨』，如《諫上篇》『外無怨治』，王已讀為蘊；《雜下》『怨利生孽』，《左傳昭十年》作『蘊』，均其證也。」劉說是，文說誤。「下」指臣下、臣民。言

〔註125〕吳則虞引誤作「汙涂也」。
〔註126〕引者按：二書引「灑」作「洒」字（《類聚》據宋刊本），吳則虞誤記。
〔註127〕桂馥《說文解字義證》，齊魯書社1987年版，第112頁。

臣下無諱言而直諫，官府無蘊積之治也。《內篇雜上》晏子曰：「臣聞下無直辭，上無隱（惰）君；民多諱言，君有驕行。古者明君在上，下多直辭；君上好善，民無諱言。」《說苑·正諫》略同。

（8）施睨寡人（第 10 章）

按：孫星衍曰：「《詩》傳：『睨，賜也。』當為『況』。」施，讀作賜。「賜睨」是同義複詞。亦作「賜況」、「賜睨」，《漢書·王莽傳》：「遣使者賜況璽書。」《隋書·史祥傳》：「行人戾止，奉所賜睨。」又倒作「況施」，《漢書·武帝紀》：「遭天地況施，著見景象，屑然如有聞。」顏師古注引應劭曰：「況，賜也。施，與也。言天地神靈乃賜我瑞應。」

（9）是以君子懷不逆之君，居治國之位（第 10 章）

按：張純一曰：「懷，思也，歸也。不逆者，不逆於道也。」吳則虞曰：「懷不逆之君，以下句『不懷暴君之祿』句例之，此句似有訛奪。」吳說是也，此文二句《冊府元龜》卷 745 作「君順懷之，政治歸之」，蓋亦臆改。

（10）不以威彊退人之君，不以眾彊兼人之地（第 11 章）

按：俞樾曰：「『退』疑『迫』字之誤。」黃以周從俞說。孫詒讓曰：「『退』當為『迉』，形近而誤。『迉』讀為『彊禦』之禦。」劉師培曰：「『退』當如字，下『彊』字當作『疆』，與《問上篇》『眾彊』同。不以威強退人之君，言不以威力抑人之君也。眾疆，猶言廣土，言不恃土地之廣以併他人之國也。『威彊』與『眾彊』對文。」吳則虞從劉說。于省吾曰：「俞說非是。『退』乃『敦』之借字。敦訓迫乃通詁。」徐仁甫曰：「退，當作『後』。」此文二「彊」字，浙刻本同，顧氏重刊本、明活字本、四庫本、指海本、日本鈔本作「強」。劉說「退」字是，方向東亦從之〔註128〕；說「眾彊」非是。于說亦可備一通。「眾彊」讀如字，《內篇諫下》「勇士不以眾彊凌孤獨」，《內篇問上》「不威人以眾彊」，《墨子·號令》「以眾強凌弱少」，皆同。

（11）鍖然不滿，退託于族（第 12 章）

按：孫星衍曰：「《玉篇》：『鍖，丑甚切。』此當為『欿然』之叚音。」焦

〔註128〕方向東《札迻商榷·晏子春秋》，收入《孫詒讓訓詁研究》，中華書局 2007 年版，第 119 頁。

循從孫說〔註 129〕。俞樾曰:「案『鍖』當為『歁』,《說文》:『歁,食不滿。』是『歁』之本義為食不滿,引申之,凡不滿者皆得言歁。」黃以周從俞說。孫、俞說皆是也,欿亦歁借字。《孟子·盡心上》:「如其自視欿然。」此孫說所本。《玉篇殘卷》:「歁,口咸反。《淮南》:『目(自)視歁如也。』〔註 130〕許叔重曰:『歁,不滿也。』」

(12)犒魯國化而為一心(第 13 章)

按:孫星衍曰:「『犒』未詳。」盧文弨曰:「犒,《文選·勸進表》注引作『矯』。此當作『撟』,與『矯』同,《韓非》作『舉』,義同。」洪頤煊曰:「『犒』當是『嗃』字之訛,大呼也。言大呼魯國之人而皆化為一心也。」俞樾曰:「案『犒』當為『撟』字之誤也。《說文》:『撟,舉手也。』故引申之有『舉』義。撟魯國化而為一心,猶云舉魯國化而為一心。《韓非子·內儲說》作『舉魯國盡化為一』,此作『撟』,彼作『舉』,文異而義同。若作『犒』,則不可通矣。」黃以周從俞說。蘇輿曰:「盧、俞說是。《外篇》『臣何敢槁也』,槁亦撟之誤(說見後)。」吳則虞曰:「作『矯』是也,『矯』為『揉矯』之矯,本非一心,揉而矯之,使為一也。指海本已改為『矯』。」盧、俞、蘇說是,張純一從之,吳說非。但「犒」可徑讀作撟,不是誤字,《文選》李善注引作「矯」,亦是借字。桂馥、王筠引徑改作「撟」,以證《說文》「撟,舉手也」之誼〔註 131〕。《治要》卷 33 引《外篇》「槁」作「矯」。

(13)其何暇有三(第 13 章)

按:暇,助動詞,猶得也。《韓子·內儲說上》作「安得三哉」。

(14)夫偪邇于君之側者,距本朝之勢,國之所以治也(第 13 章)

按:孫星衍曰:「距本朝之勢,言近臣能距一朝之有勢者。治、衰、危為韻。」王念孫曰:「案『治』上當有『不』字,此言大臣專本朝之權,國之所以不治也。下文『行之所以衰也,身之所以危也』,並與此文同一例。上文『魯不免于亂』,『亂』即『不治』也。」俞樾云:「案此言近臣專權也,乃云『國所以治』,于義難通。『治』蓋『殆』字之誤,『國之所以殆也』與下

〔註 129〕焦循《孟子正義》卷 26,中華書局 1987 年版,第 893 頁。
〔註 130〕今本《淮南子·繆稱篇》作「觖如」,蓋高誘本。
〔註 131〕桂馥《說文解字義證》,王筠《說文解字句讀》,並收入丁福保《說文解字詁林》,中華書局 1988 年版,第 11871 頁。

文『行之所以衰也』、『身之所以危也』一律。」指海本據王說補「不」字，張純一從俞說改作「殆」。張純一又曰：「距，抗也；又與『拒』同，敵也。」劉如瑛曰：「『治』當為『亂』，義反而致誤。《說文》：『距，雞距也。』因引申為憑藉之意。」「治」為韻，非誤字，當徑讀作殆，二字同從台得聲，例得通假，古字或省作「台」。《荀子·議兵》：「故兵大齊則制天下，小齊則治鄰敵。」王念孫曰：「治，讀為殆。殆，危也，謂危鄰敵也。《王制篇》曰『威彊未足以殆鄰敵』，《王霸篇》曰『威動天下，彊殆中國』，《彊國篇》曰『威動海內，彊殆中國』，『殆』、『治』古字通。《彊國篇》『彊殆中國』，楊注：『殆或為治。』《史記·范睢傳》『夫以秦卒之勇，車騎之眾，以治諸侯，譬若馳韓盧而搏蹇兔也』，『治諸侯』即『殆諸侯』。」〔註132〕《楚辭·九章·惜往日》：「背法度而心治兮。」洪氏《補注》：「治，一作殆。」盧校本《賈子·階級》：「若堂無陛級者，堂高殆不過尺矣。」明刻兩京遺編本、漢魏叢書本、四庫本、子書百家本同，明吉府本、正德本（即四部叢刊本）「殆」作「治」。劉如瑛說「距」是，字亦作拒，據守也，即「拒險」之拒。

（15）士者持祿，遊者養交（第13章）

按：蘇輿曰：「《荀子·臣道篇》云：『不卹君之榮辱，不卹國之臧否，偷合苟容，以之持祿養交而已耳，國賊也。』持亦養也（見《呂氏春秋·異用篇》高注）。故古書多以『持養』連文，如《荀子》所謂『高爵豐祿，以持養之』之類是也（說詳王祭酒師《荀子集解·議兵篇》）。」王引之曰：「持訓為執，常訓也。又訓為守為保。保祿謂之持祿。《管子·明法篇》：『小臣持祿養交，不以官為事。』《晏子春秋·問篇》：『仕者持祿，遊者養交。』《荀子·臣道篇》：『偷合苟容，以持祿養交。』是也。」〔註133〕王念孫校《荀子·議兵》「以持養之」云：「『持養』二字平列，持亦養也。《臣道篇》、《管子·明法篇》、《晏子春秋·問篇》，皆以『持祿』、『養交』對文。」〔註134〕王氏父子說不同，徐仁甫從王引之說，是也。至於「養交」，王念孫校《荀子·臣道》「持祿養交」云：「楊注曰：『養交謂養其與君交接之人不忤犯使怒也。或曰：

〔註132〕王念孫《荀子雜志》，收入《讀書雜志》卷11，中國書店1985年版，本卷第48頁。
〔註133〕王引之《經義述聞》卷31，江蘇古籍出版社1985，第739頁。
〔註134〕王念孫《荀子雜志》，收入《讀書雜志》卷11，中國書店1985年版，本卷第53頁。

養其外交，若蘇秦、張儀、孟嘗君所至為相也。」念孫案：後說是，『持祿養交』見後《議兵篇》『持養』下。」《晏子》「養交」當指養其親友，不指養其外交。《內篇雜下》：「嬰之家不貧，以君之賜，澤覆三族，延及交遊，以振百姓，君之賜也厚矣！」又「且臣以君之賜，父之黨無不乘車者，母之黨無不足于衣食者，妻之黨無凍餒者，國之閒士待臣而後舉火者數百家。」又「賴君之賜，得以壽（燾）三族，及國遊士，皆得生焉。」前二條又見《說苑‧臣術》，皆持君之祿以養其交之證。

（16）請問安國眾民如何（第 14 章）

按：吳則虞曰：「『眾』當為『聚』字之訛。下云『厚斂則民散』，又云『節斂聚民』，猶大學所云『財聚則民散，財散則民聚』也。下文及標題『眾』皆當改為『聚』。」吳說非是。眾民，「眾」是使動詞，言眾其民也。《管子‧治國》：「是以先王知眾民強兵廣地富國之必生於粟也。」《孟子‧盡心上》：「廣土眾民，君子欲之。」

（17）平公曰：「聞子大夫數矣，今迺得見，願終聞之。」（第 15 章）

按：下「聞」當作「問」，本篇第 10 章吳王曰：「寡人聞夫子久矣，今乃得見，願終其問。」文例正同。

（18）若淵澤決竭，其魚動流（第 15 章）

按：《爾雅》：「歇、涸，竭也。」《釋文》本「竭」作「渴」，云：「渴，音竭，本或作竭。」《說文》：「涸，渴也。」又「渴，盡也。」《方言》卷 12：「歇，涸也。」郭璞注：「謂渴也。」「渴」本字，「竭」、「歇」皆借字，水盡乾涸也。

（19）屨賤而踊貴（第 17 章）

按：劉師培曰：「黃本『屨』作『履』，希麟《續一切經音義》卷 10 亦作『履』，《廣韻‧二腫》引作『屨』。」《廣韻》「踊」字條引晏子曰「踊貴屨賤」，乃引本書《內篇雜下》「踊貴而屨賤」，非此文，劉氏失察。《孔叢子‧執節》：「晏子既陳屨賤而踊貴於其君，其君為之省刑。」各本同，獨明翻宋本「屨」作「履」。《左傳‧昭公三年》作「屨賤踊貴」。《韓子‧難二》晏子對曰：「踊貴而屨賤。」是作「屨」乃古本。

（20）昔者殷人誅殺不當，僇民無時（第 17 章）

按：僇，讀為勠，盡力也。言殷人誅殺不當其罪，盡民力不當其時也。

（21）無私與，維德之授（第 17 章）

按：王念孫曰：「案以上下文考之，則『無私與』上當有『民』字，而今本脫之。」張純一從其說。錢賓四、劉如瑛並謂「無」上脫「天」字〔註135〕。「無私與」上疑脫「官」字，言不私與其官職，惟有德者授之。

（22）箕伯、直柄、虞遂、伯戲，其相胡公大姬，已在齊矣（第 17 章）

按：劉師培曰：「《左傳》同。疏引定本『相』作『祖』。」吳則虞曰：「杜注：『胡公，四人之後，周始封陳之祖，大姬其妃也。言陳氏雖為人臣，然將有國，其先祖鬼神，已與胡公在齊矣。』」《國語·魯語下》：「故銘其括曰：肅慎氏之貢矢，以分大姬配虞胡公而封諸陳。」韋昭注：「分，予也。大姬，武王元女。胡公，舜後，虞遏父之子胡滿也。」《家語·辨物》、《史記·孔子世家》同《國語》，王肅注：「大姬，武王女。胡公，舜之後。」《史記·陳杞世家》：「陳胡公滿者，虞帝舜之後也……至于周武王克殷紂，乃復求舜後，得媯滿，封之於陳。」是胡公名滿，舜後，周武王以女為胡公妃，封之於陳。孔疏：「杜不解相。服虔云：『相，隨也。』蓋『相』訓為助，不為隨也。言箕伯四人其皆助胡公大姬，神靈已在齊矣。今定本『相』作『祖』。」沈欽韓亦曰：「相，助也。」〔註136〕阮元曰：「沈彤云：『胡公為周始封陳之祖，則相乃祖字之誤，定本相作祖。』按宋本作『祖』非是，若作『祖』，則文理欠順。」〔註137〕阮說是也，考《釋文》：「相，息亮反，服如字。大姬，音泰。」是唐人所見本正作「相」字。俞樾則說「其相」涉「箕伯」二字而誤衍〔註138〕，不足信也。

（23）宮室滋侈，道殣相望，而女富溢尤（第 17 章）

按：于省吾曰：「《左昭三年傳》『而女富溢尤』，注：『女，嬖寵之家。』

〔註135〕錢賓四《讀晏子春秋》，《弘毅月刊》十五周紀念特刊，1926 年版，第 72 頁。
〔註136〕沈欽韓《春秋左氏傳補注》卷 9，收入《續修四庫全書》第 125 冊，上海古籍出版社 2002 年版，第 111 頁。
〔註137〕阮元《春秋左傳正義》卷 42《校勘記》，《十三經注疏》（附校勘記），中華書局 1980 年版，第 2038 頁。
〔註138〕俞樾《茶香室經說》卷 15，收入《續修四庫全書》第 177 冊，第 589 頁。

按：『女』讀為『婦女』之女，殊誤。『女』、『如』古同字……『溢尤』即『益尤』，猶言益甚。此言『道殣相望，而如富益尤』，乃承上文『雖吾公室亦季世也』為言，謂道殣相望，民窮極矣，而公室則如富益甚也；言公室亦因奢侈而空虛，非真富也。」惠棟引《周書·酆保》「女貨速禍」以解《左傳》，梁履繩從其說〔註139〕。朱起鳳謂「女富」是「姦宄」之誤〔註140〕。于氏說「溢尤」是也，說「女」即「如」則誤。俞樾曰：「阮《校勘記》曰：『淳熙本溢誤益。』樾謹按：作『益』者是也。上文曰：『庶民罷敝，而宮室滋侈。』杜曰：『滋，益也。』然則『滋』與『益』同義。上言『滋侈』，此言『益尤』，文義一律。《襄二十六年傳》『而視之尤』，服注曰：『尤，甚也。』益尤猶言滋甚耳。當從淳熙本作『益』為正。」〔註141〕俞氏早得正解，但「溢」不必視作誤字，自可借作「益」。俞樾說「而女富溢尤」與「而宮室滋侈」是對文，得其句法，則「女」必不是「如」借字。「女」當指後宮姬姜，《內篇諫上》「三保之妾俱足粱肉」，「女」即「三保之妾」之屬。《韓子·八奸》：「人主樂美宮室台池、好飾子女狗馬以娛其心，此人主之殃也。」「女」即「子女」之女。《史記·孟嘗君傳》：「今君後宮蹈綺縠，而士不得短褐；僕妾餘粱肉，而士不厭糟糠。」又《平原君傳》：「君之後宮以百數，婢妾被綺縠，餘粱肉，而民褐衣不完，糟糠不厭。」此即「女富」之證。

（24）欒郤、胥原、孤續、慶伯，降在皁隸（第17章）

按：孫星衍曰：「孤，《左傳》作『狐』，是。《潛夫論》：『狐氏，晉姬姓也。』」當點作「欒、郤、胥、原、孤（狐）、續、慶、伯」，晉舊族八氏。杜預注：「八姓，晉舊臣之族也。」孔疏：「此八姓之先。欒、郤、胥、原、狐，皆卿也。續簡伯、慶鄭、伯宗，亦見於《傳》，先皆大夫也。」八者皆氏，非姓，杜、孔稍疏。

（25）而君日不悛，以樂慆憂（第17章）

按：《左傳·昭公三年》杜預注：「慆，藏也。」陸氏《釋文》用杜注。孔疏：「劉炫云：『慆，慢也。好音樂而慢易憂禍也。』」杜以慆為藏，當讀如

〔註139〕 惠棟《左傳補注》卷4，收入《四庫全書》第181冊，臺灣商務印書館1986年初版，第193頁。梁履繩《左通補釋》卷21，收入《續修四庫全書》第123冊，第502頁。
〔註140〕 朱起鳳《辭通》卷12，上海古籍出版社1982年版，第1167頁。
〔註141〕 俞樾《群經平議》卷27，收入《續修四庫全書》第178冊，第433頁。

弓韜之韜。言以音樂樂身，埋藏憂愁於樂中，猶古詩云『埋憂地下』也。」所引古詩，見仲長統《述志詩》「寄愁天上，埋憂地下」。徐鍇《說文繫傳》引《左傳》「以樂慆憂」以證《說文》「慆，說也」。孫星衍曰：「《說文》：『慆，說也。』『說憂』即『樂憂』。杜預注『藏』，非。一說：《詩》『日月其慆』，傳：『慆，過也。』言樂過當憂。」孫氏前說蓋本於《說文繫傳》。于省吾曰：「孫前說是也，『慆』訓說，乃『愉』之借字。」洪亮吉曰：「《說文》：『慆，悅也。』案杜注：『慆，藏也。』蓋改字作『韜』，然不若本訓為是。《昭元年》『子羽曰：子招樂憂。』即是此意。」〔註142〕洪氏蓋亦本於《說文繫傳》。惠棟曰：「慆，過也。言君不思悛改，可憂而樂與日俱慆（訓慆為過，見《毛詩》傳）。劉光伯云：『慆，慢也。好音樂而慢易憂禍。』義亦通。」〔註143〕竹添光鴻曰：「慆，過也。言以娛樂閑過憂患。」〔註144〕二氏說同於孫氏後說。陸粲引朱申曰：「慆，慢也。以淫樂而慢易憂禍也。」顧炎武引傅遜說同〔註145〕。沈欽韓亦曰：「慆，慢也。湛見樂而慢遠憂。」〔註146〕皆本於劉炫說耳。朱駿聲申杜注，謂「慆」借為「韜」。四說皆通。余謂「慆」借為「搯」，《廣雅》：「搯，抒也。」即解除、發洩義；或讀作逃，亦均通。張純一曰：「慆，疑也。」非是。

（26）讒鼎之銘曰（第17章）

按：孫星衍曰：「《韓非・說林》：『齊伐魯，索讒鼎，魯以其鴈往。』《左傳正義》引服虔曰：『疾讒之鼎，《明堂位》所云崇鼎是也。』」俞樾曰：「服說誠望文生義，惟言即崇鼎，此必有所本。《廣韻》有『餣』字，注云：『饞餣，貪食也。』竊疑此鼎本名『饞鼎』，亦名『餣鼎』，蓋著貪食之戒。《呂氏春秋・先識篇》曰：『周鼎著饕餮，有首無身，食人未咽，害及其身。』餣饞之鼎，與『饕餮』同義。」吳則虞從俞說，是也。《呂氏春秋・審己》、《新序・節士》作「岑鼎」。石光瑛曰：「讒、岑、崇俱一音之轉。」〔註147〕冬、侵相

〔註142〕洪亮吉《春秋左傳詁》卷15，中華書局1987年版，第651頁。
〔註143〕惠棟《左傳補註》卷4，收入《四庫全書》第181冊，第193頁。
〔註144〕竹添光鴻《毛詩會箋》，巴蜀書社2008年版，第1663頁。
〔註145〕陸粲《左傳附注》卷3，顧炎武《左傳杜解補正》卷下，分別收入《四庫全書》第167、174冊，第711、324頁。顧氏所引遜說，實傅氏亦是引朱申說，見傅遜《春秋左傳注解辯誤》卷下，收入《續修四庫全書》第119冊，第558頁。
〔註146〕沈欽韓《春秋左氏傳補注》卷9，收入《續修四庫全書》第125冊，第111頁。
〔註147〕石光瑛《新序校釋》，中華書局2001年版，第908頁。

轉也。《易・豫》「朋盍簪」，據《釋文》，「簪」京本作「摺」，荀本作「宗」；馬王堆帛書本《周易》「簪」作「讒」；此亦讒、崇音轉之證。複言曰「讒諜」，單言則曰「讒」、「崇」、「岑」。又音轉作「豸犄」、「窮奇」〔註 148〕。

（27）公室無度，幸而得死，豈其獲祀焉（第 17 章）

按：豈其，《左傳・昭公三年》同。徐仁甫曰：「其，猶期也。」「其」即「期」省文。楊伯峻曰：「其，將也。」〔註 149〕非是。

（28）正士處勢臨眾不阿私，行於國足養而不忘故（第 19 章）

按：黃以周曰：「當作『處勢臨眾而不阿私，行國足養而不忘故』。」蘇輿曰：「黃說非。『行國』不詞，『行』字當上屬為句。於，猶為也。於國，猶言為國。」吳則虞曰：「楊本、凌本皆自『忘』字截讀。」「行」字仍屬下句。「故」字亦當屬上句，指故交，下文「其交友也」云云，即承「不忘故」而言。下句即第 13 章「持祿養交」之誼，言行於國取君祿足以自養而不忘故交也。

（29）事君盡禮行忠，不正爵祿（第 19 章）

按：王念孫曰：「案『不正爵祿』義不可通。『正』當為『句』，《廣雅》曰：『句，求也。』謂以禮與忠事君，而不求爵祿也。下文『持諛巧以正祿』，『正』亦當為『句』，謂持諛巧之術以求祿也。」顧廣圻曰：「當作『其事君也，盡禮道忠，不為苟祿』。」張純一從顧說。錢賓四曰：「『正』當作『征』，《孟子》『上下交征利』是也。」〔註 150〕吳則虞曰：「不正，猶不必也。此云事君盡禮，而不必為爵祿。」據下文文例，顧說「事君」當作「其事君也」是也，餘說則誤。「正」訓「必」是副詞，吳氏必增「為」字以通，其說亦誤。王說得其義，但未得其字。「正」字不誤，讀作征，不必以為誤字。《孟子・梁惠王上》「上下交征利」，趙歧注：「征，取也。」字亦作徵，《呂氏春秋・達鬱》高誘注：「徵，求也。」下文「持諛巧以正祿」亦讀作征。

（30）不毀進於君，不以刻民尊於國（第 19 章）

按：劉師培曰：「此二語對文，上語『不』下當有『以』字，『毀』下亦挩

〔註 148〕 參見蕭旭「窮奇」名義考》，收入《群書校補（續）》，花木蘭文化出版社 2014 年版，第 2198～2201 頁。

〔註 149〕 楊伯峻《春秋左傳注》，中華書局 1981 年版，第 1237 頁。

〔註 150〕 錢賓四《讀晏子春秋》，《弘毅月刊》十五周年紀念特刊，1926 年版，第 72 頁。

一字。」錢賓四曰：「上句當奪二字，疑當作『不以毀行進於君』。」〔註151〕張純一亦於「毀」下補「行」字。補「以」字是也，補「行」字則未得。「毀」下疑脫「譽」字。《內篇問上》：「公曰：『請問求賢。』對曰：『觀之以其遊，說之以其行，君無以靡曼辯辭定其行，無以毀譽非議定其身。』」此晏子反對以毀譽進於君之明證。《管子‧七主七臣》：「上好利，則毀譽之士在側。」又《形勢解》：「毀訾賢者之謂訾，推譽不肖之謂譽。訾譽之人得用，則人主之明蔽，而毀譽之言起。」《商子‧修權》：「君好言，則毀譽之臣在側。」《韓子‧奸劫弒臣》：「夫奸臣得乘信幸之勢以毀譽進退群臣。」皆是其旁證。《內篇問上》：「好辨（辯）以為智，刻民以為忠。」〔註152〕與此文亦足互證，「好辯」即《商子》之「好言」，故多毀譽也。《內篇問上》：「不撝賢以隱長，不刻下以諛上。」《淮南子‧道應篇》：「叔向曰：『其為政也，以苛為察，以切為明，以刻下為忠，以計多為功。』」《文子‧上禮》引老子曰同。「刻下」即「刻民」，亦諸子所反對者。

（31）故得眾上不疑其身，用於君不悖於行（第19章）

按：眾，讀作終。二語亦對文，「上」上脫「其」字。言故得以事君終其上而上不疑其身也。

（32）矜爵祿以臨人，夸禮貌以華世（第19章）

按：張純一從元刻本改「禮」作「體」，是也。浙刻本、指海本誤同，顧氏重刊本、明活字本、四庫本、日本鈔本俱作「體」。

（33）事君之倫，知慮足以安國，譽厚足以導民，和柔足以懷眾（第20章）

按：于省吾曰：「『知』與『慮』、『和』與『柔』均平列。『譽』、『與』字通。與，親與也。與、厚義相因，此言親厚足以導民也。」吳則虞曰：「『知慮』、『和柔』皆兩字並列，『譽厚』疑『舉厝』形近而誤，『譽厚』與『導民』，義亦不貫。」吳氏拘文害義，其說非是。《冊府元龜》卷734引作「譽厚足以道君」，雖「民」誤作「君」，而「譽厚」正同，謂仁譽之多也。《荀子‧富國》：「故其知慮足以治之，其仁厚足以安之，其德音足以化之。」又《君道》：「其

〔註151〕錢賓四《讀晏子春秋》，《弘毅月刊》十五周紀念特刊，1926年版，第72頁。
〔註152〕據《治要》卷33引，今本脫作「好辯以為忠」。

德音足以鎮撫百姓，其知慮足以應待萬變。」二文足以相參。「仁厚」亦不必
與「知慮」一例作兩字並列。

（34）不阿以私，不誣所能（第20章）

按：孫星衍曰：「以，一本作『久』，非。」王念孫曰：「案『以』當作
『所』，與下句文同一例。言于人則不阿所私，于己則不誣所能也。作『久』
作『以』，皆于文義不合。」黃以周、張純一從王說。于省吾曰：「明活字本
作『久』。『久』即古『乿』字……今通作『厹』。」吳則虞曰：「元本、黃本、
凌本作『久』，吳懷保本作『以』。『久私』義亦通，『久』為故舊，『私』謂私
好也。」顧氏重刊本、四庫本、日本鈔本亦作「久」，浙刻本作「以」，指海
本據王說改作「所」，《冊府元龜》卷734引作「所」。吳說非是。古本當作
「以」，「久」是其形訛。裴學海曰：「以，猶所也。『以』與『所』為互文，
不必改。」〔註153〕

（35）盡力守職不怠，奉官從上不敢隋（第20章）

按：孫星衍曰：「『隋』同『惰』。」劉師培引戴校曰：「上『不』下當有『敢』
字。」《冊府元龜》卷734引上「不」下正有「敢」字，「墮」作「惰」。明活
字本「墮」形誤作「隋」。

（36）共恤上令（第20章）

按：劉師培曰：「『共』與『恭』同，猶言敬恤上令也。」張純一曰：「共
讀若恭。恤，安也。」于省吾曰：「『共』、『恭』古字通。恤，慎也。共恤即敬
慎。」于說是也。恤，慎也，字亦作卹，音轉亦作謐、溢〔註154〕。

（37）內不恤其家，外不顧其身遊（第20章）

按：王念孫曰：「『身』字乃後人所加也。《荀子·非十二子篇》注引此正
作『外不顧其遊』。」王說是也，《冊府元龜》卷734引亦無「身」字，「遊」
作「交」。浙刻本圈去「遊」字，非是。

（38）命之曰狂僻之民（第20章）

按：蘇輿曰：「《荀子·非十二子篇》注引『僻』作『辟』。」《荀子》宋

〔註153〕裴學海《古書虛字集釋》，中華書局1954年版，第30頁。
〔註154〕參見王引之《經義述聞》卷3，江蘇古籍出版社1985年版，第73頁。

台州本（即四部叢刊本）、國圖藏宋刻本、宋刻元明遞修本、四庫本仍作「僻」，蘇氏所據本作「辟」，蓋其師王先謙《集解》本。《冊府元龜》卷 734 引作「辟」。

（39）進也不能及上，退也不能徒處（第 20 章）

　　按：劉師培曰：「『及上』誼不可通，『及』疑『臣』字之誤。臣上，猶言事上。」劉氏又曰：「『及』疑『反』訛，即『服』字也。反上猶言事上。」《冊府元龜》卷 734 引無二「也」字，仍作「及上」，「徒」作「獨」。及，讀作接，交也，近也。本篇第 25 章：「進不能事上，退不能為家。」

（40）作窮于富利之門，畢志于畎畝之業（第 20 章）

　　按：吳則虞曰：「下云『利通不能』，指『作窮于富利之門』言；『窮業不成』，指此句言。『畢志畎畝之業』，是窮業成矣。『畢志』二字，疑『棄怠』二字形近而訛。」《冊府元龜》卷 734 引同今本，吳說無據。作，讀作詐。畢志，猶言盡力。

（41）和調而不緣（第 24 章）

　　按：孫星衍曰：「緣，緣飾。」王念孫曰：「《廣雅》：『緣，循也。』和調而不緣，言雖與俗和調，而不循俗以行，猶言『君子和而不同』也。」蘇輿、黃以周從王說。緣，讀為㥥。《說文》：「㥥，怨恨也。」

（42）溪盎而不苛（第 24 章）

　　按：孫星衍曰：「『溪』當為『谿』，言谿刻也。『盎』即『䀉』段音，《說文》：『䀉，早知也。』谿盎而不苛，言不矜明察。」蘇輿從孫說。王念孫曰：「溪盎，未詳。」章太炎曰：「孫淵如云云，此則借谿為稽。古稽、譏誼同。稽、譏亦同有察誼。稽䀉而不苛，謂豫察早知而不苛刻也。」〔註 155〕劉師培曰：「《呂氏春秋·適音篇》云『聽清則耳谿極』，《賈子新書·耳痺篇》云『谿徹而輕絕』，均與此文『溪』字同為『刻覈』之義。『盎』與『央』同，《廣雅》：『央，盡也。』則『溪盎』之義，猶之『谿極』、『谿徹』云。」吳則虞曰：「『溪盎』義孫、劉二說皆非。孫蜀丞云『疑「傒醢」之殘』，是也。

〔註 155〕章太炎《膏蘭室札記》卷 1，收入《章太炎全集》，上海人民出版社 2014 年版，第 52 頁。

案《方言》：『徯醯，危也。東齊掎物而危謂之徯醯。』又見《廣雅》。後『醯』字殘缺而為『盉』，『盉』不成字，寫者易為『盍』，致失其義。『苛』疑為『苟』字之形訛。徯醯而不苟，猶言臨危難而不苟也。『徯醯』二字為齊東恆語，《爾雅·釋木》郭注引齊人諺曰『上山代檀，樕醯先殫』，『樕醯』又有『大』義。作『樕醯而不苟』，義亦可通。『苛』言其細之意。此云大而不苟之意。」吳則虞率意改字，又遊移不定，必不可信。他家說亦均未得。《莊子·外物篇》《釋文》引司馬彪曰：「勃谿，反戾也。」『谿』是反戾恨怒義。字亦作傒，《廣韻》「傒，恨足（也）。」〔註156〕《集韻》：「傒，恨也。」字亦作謑，P.3696V《箋注本切韻》、P.2011 王仁昫《刊謬補缺切韻》、蔣斧印本《唐韻殘卷》並曰：「謑，怒言。」音轉又作忦、妎、嫭，《方言》卷 12：「忦，恨也。」《說文》：「忦，憂也。」又「妎，妒也。」謂妒恨。P.2011 王仁昫《刊謬補缺切韻》：「忦，怨恨。」《玉篇》：「妎，《說文》：『妒也。』又音害。嫭，與妎同。」又音轉作恚，《說文》：「恚，恨也。」盉之言快，怨恨，心不服也，字亦作借鞅為之。《說文》：「快，不服懟也。」《慧琳音義》卷 25 引《蒼頡篇》：「快，懟恨也。」又考《方言》卷 12：「鞅、伾，強也。」郭璞注：「謂強戾也。」又「鞅、伾，懟也。」郭璞注：「亦為怨懟。鞅，猶快也。」《廣雅》：「勃、快，懟也。」又「悖、快，強也。」又「伾、怨、懟，恨也。」是「勃（悖、伾）」與「快（鞅）」同義，「溪盉」即《莊子》「勃谿」同義詞，而語有倒順也。苛，亦怒恨也。《爾雅》：「苛，妎也。」《方言》卷 2：「蘇（齘）、苛，怒也，小怒曰蘇（齘）。」〔註157〕「齘」即「妎」。《管子·形勢解》：「能寬裕純厚而不苛忮，則民人附⋯⋯主苛而無厚，則萬民不附。」《說文》：「忮，很也。」「忮」是嫉恨很戾義，「苛」與之同義連文，故「苛忮」下文單言作「苛」，治《管子》者，胥未得此誼。是「苛」與「傒快」其義相因，故云「傒快而不苛」也。「傒快而不苛」的句式，謂其相似而不同，猶同《淮南子·原道篇》「疾而不搖」、嵇康《琴賦》「疾而不速，留而不滯」也。《方言》卷 2：「搖，疾也。」《周禮·職方氏》：「其澤藪曰貕養。」《說

〔註156〕余迺永校云：「《王二》云：『恨。』《集韻》云：『恨也。』『足』字當作『也』。」余迺永《新校互注宋本廣韻》，上海辭書出版社 2000 年版，第 373 頁。《重修廣韻》、《類篇》不誤。

〔註157〕「蘇」為「齘」誤，參見華學誠《揚雄〈方言〉校釋匯證》所作校語及所引諸家說，中華書局 2006 年版，第 146～147 頁。

文》「藪」字條、《風俗通義·山澤》、《漢書·地理志》作「奚養」。澤名「貕（奚）養」，蓋亦「恔快」轉語，取義于強戾悖逆。段玉裁曰：「杜子春讀貕為奚。按《說文》：『奚，大腹也。貕，肫生三月，腹奚奚皃也。』杜蓋說此藪名取大腹意。」〔註158〕杜子春只是擬其音，不是說其義，段氏謂取「大腹」義，則無以說「養」字，蓋未然也。

（43）富貴不傲物，貧窮不易行，尊賢而不退不肖，此君子之大義也（第24章）

按：「退」上「不」字，標題無此字，四庫本亦無。于鬯校《內篇雜下》論及此文云：「夫不肖曰不退，則其持論固未可以常道論之矣。」〔註159〕張純一曰：「《論語·子張篇》曰：『君子尊賢而容眾，嘉善而矜不能。』不退不肖，即容之、矜之之意。標題當依此作『不退不肖』。如退不肖，則君子之義不大矣。《雜上》8章曰『見不肖以哀不肖』，可為『不退不肖』之證。」張說是也。尊賢而不退不肖者，謂能、不能各有所任也。《內篇問上》「是以賢者處上而不華，不肖者處下而不怨」，《內篇問下》「居賢不肖，不亂其序」，《內篇褋上》「樂賢而哀不肖，守國之本也」，都是不肖者處下位而不退之證。《荀子·非十二子》：「如是則賢者貴之，不肖者親之，如是而不服者，則可謂訞怪狡猾之人矣。」又「彼王者則不然，致賢而能以救不肖，致彊而能以寬弱。」又《儒效》：「量能而授官，使賢不肖皆得其位，能不能皆得其官。」又《臣道》：「故仁者必敬人，敬人有道：賢者則貴而敬之，不肖者則畏而敬之；賢者則親而敬之，不肖者則疏而敬之。其敬一也，其情二也。」此皆「不退不肖」之明證。群書有言「尊賢而退不肖」者〔註160〕，與晏子此論不同，不得據以謂「退」上「不」字是衍文。

〔註158〕段玉裁《說文解字注》，上海古籍出版社1981年版，第41頁。

〔註159〕于鬯《晏子春秋校書》，收入《香草續校書》，中華書局1963年版，第116頁。

〔註160〕《大戴禮記·保傅》、《韓詩外傳》卷2、7、《淮南子·本經篇》、《說苑·臣術》、《新序·雜事一》、《賈子·胎教》並有「進賢而退不肖」語，《韓詩外傳》卷8「賞有能，招賢才，退不肖」，《賈子·官人》「明於進賢，敢於退不肖」，皆其證。《荀子·非十二子》：「貴賢，仁也，賤不肖、亦仁也。」《家語·賢君》：「子路問於孔子曰：『賢君治國，所先者何？』孔子曰：『在於尊賢而賤不肖。』」《淮南子·泰族篇》：「親賢而進之，賤不肖而退之。」《史記·太史公自序》：「賢賢賤不肖。」《說苑·尊賢》：「尊賢者而賤不肖者。」「賤不肖」即謂賤不肖而退去之也。

（44）進不能事上，退不能為家（第 25 章）

按：劉師培引戴校曰：「『為』當從下作『順』。」下文「今以不事上為道，以不顧家為行」，字作「顧」。然此文「為」字不必改，《冊府元龜》卷 807 引同。「為」讀去聲，「為家」即「顧家」之誼。

（45）今以不事上為道，反天地之衰矣；以不顧家為行，倍先聖之道矣；以枯槁為名，則世塞政教之途矣（第 25 章）

按：劉師培曰：「此文以『枯槁為名則世』（句），言以枯槁之行為名，而為法於世也。『塞政教之途矣』（句），與上『反天地之衰矣，倍先聖之道矣』對文。」錢賓四曰：「『世』字疑衍。」〔註 161〕吳則虞曰：「劉說殊曲。『世』字恐衍文也。」王叔岷曰：「『則世』二字疑衍。」劉說固曲，錢、吳、王說亦未得。「世」當據《冊府元龜》卷 807 引校作「是」，音近致訛。

（46）而道義未戴焉（第 25 章）

按：張純一曰：「『戴』、『載』同。」《冊府元龜》卷 807 作「載」。

（47）不謟過，不責得（第 26 章）

按：謟，各本同，四庫本誤作「諂」。孫星衍曰：「杜預注《左傳》：『謟，藏也。』」則是讀為韜。張純一曰：「謟，疑也。」非是。

（48）言不相坐，行不相反（第 26 章）

按：劉師培曰：「『坐』蓋『差』字之訛也。言不相差，即言不參差也，與『不貳』同，故與『行不相反』對文。」張純一從劉說。吳則虞曰：「劉說未審。不相坐，謂不相爭訟也，與下句『不相反』對。反，猶畔也。」劉如瑛曰：「坐，疑為『左』字，音近而誤，義當為戾。」鄔可晶曰：「『坐』當與『反』意思相同或相近……『坐』當視為『跪』之誤釋，讀為詭。『詭』與『反』義近。」〔註 162〕吳說誤，二劉及鄔說得其義，但其字則不能必。余謂「坐」是「巫」形訛，「巫」是「誣」省文。誣，言語虛妄也。反，違反也。

（49）先其難乎而後幸（第 27 章）

〔註 161〕錢賓四《讀晏子春秋》，《弘毅月刊》十五周紀念特刊，1926 年版，第 72 頁。
〔註 162〕鄔可晶《說古文獻中以「坐」為「跪（詭）」的現象》，收入《出土文獻與古典學重建論集》，中西書局 2018 年版，第 298～302 頁。

按：蘇時學曰：「案當作『先乎其難』。」文廷式曰：「『乎』字誤衍，『幸』字涉上文而衍。」陶鴻慶曰：「『先其難乎而後幸』當有脫誤。」張純一於「幸」下補「得之」二字，吳則虞說同。王叔岷曰：「『幸』當作『得』。」《冊府元龜》卷807引作「先其難而後幸」，則「乎」是衍文，「幸」字不衍不誤。

（50）晏子對曰：「察其身無能也，而託乎不欲諫上，謂之誕意也。」（第28章）

按：錢賓四曰：「『誕』字斷句。『意也』猶『意者』，起下，俗本失其讀。」〔註163〕于省吾曰：「《墨子·經說下》：『意，相也。』『相』即古『想』字。《呂氏春秋·知度》『去想去意』，意猶想也，散文則通，對文則殊。然則『誕意』猶言『誕妄』。」張純一曰：「誕，妄為大言也。言為心聲，故謂之誕意。」于氏得其義，然未得其字，「誕想」不辭。「意」疑「忘」形訛，「忘」通作「妄」，《冊府元龜》卷807引作「誕妄」。

（51）一心可以事百君，三心不可以事一君（第29章）

按：孫星衍曰：「三心，《意林》、《類聚》、《御覽》、《風俗通》、《孔叢》俱作『百心』。《御覽》引子思子曰：『百心不可得一人，一心可得百人。』」《意林》、《類聚》、《御覽》（二引）分別見卷1、20、376，《風俗通》見《過譽篇》。吳則虞曰：「『百』字疑本作『三』，『一心事三君』，與『三心……事一君』相對文。下文『晏子以一心事百君』，『百』亦當作『三』，即承此『一心事三君』而來，後人改『三』為『百』，致淆亂。《詰墨》『晏子以一心事三君』，猶作『三』，不作『百』，是未經竄改前之本也。」吳說非是。「三心」當據諸書作「百心」，與上文「多心」相應，亦「百君」相對文，本書《外篇下》誤同此文。《冊府元龜》卷807引亦作「百心」。《孔叢子·詰墨》作「一心可以事百君，百心不可以事一君」，吳氏失檢。《北史》卷74、《白氏六帖事類集》卷9、《龍筋鳳髓判》卷3、《記纂淵海》引亦作「百心」，《說苑·談叢》、《說苑·反質》、《列女傳》卷1並同。《治要》卷33引已誤作「三心」。《淮南子·繆稱篇》：「故兩心不可以得一人，一心可以得百人。」此語本於《子思子》（《意林》卷1亦引之），「兩」亦是「百」形訛。

（52）敢問正道直行則不容于世，隱道危行則不忍，道亦無滅，身亦無
廢者何若（第 30 章）

按：孫星衍曰：「直行，《家語》作『宜行』。危行，《家語》作『宜行』。」
《家語》見《三恕篇》。王念孫曰：「此『危行』與《論語》之『危言危行』不
同。危讀曰詭，『詭行』與『直行』正相反。」劉師培曰：「『隱道』與『正道』
對文，則『隱』讀若『違』，『隱道』即『違道』也（《佚周書·諡法解》『隱拂
不成曰隱』，《獨斷》作『違拂』，此違假為隱之證）。」黃以周、張純一從王說，
張氏又曰：「『宜』為『直』之形誤。《家語》『危』作『宜』，非。」張說「宜」
是「直」形訛，是也，下文又涉上而誤。隱，讀作偃，隱塞。《廣韻》：「危，
不正也。」張家山漢簡《引書》：「復車者，並兩臂，左右危揮，下正揮之。」
「危」與「正」對言，與此文同。危當讀為恑，變異、怪異，故「恑行」與「直
行」對文。王氏讀危為詭，猶未得本字。音轉又作「奇」，亦與「正」反義。

（53）直易無諱，則速傷也（第 30 章）

按：孫星衍曰：「《家語》作『徑易者則數傷』。」徑亦直也。數，讀作速。
易，平也。「直易」或倒言作「易直」，見《周禮·考工記》、《禮記·樂記》、
《禮記·祭義》、《荀子·不苟》、《史記·樂書》。又音轉作「易道」，王引之曰：
「直、道一聲之轉。《說苑·修文篇》：『樂之動於內，使人易道而好良。』易
道即易直也。」〔註 164〕

《內篇雜上》第五校補

（1）晏子臣於莊公，公不說（第 1 章）

按：徐仁甫曰：「晏子本為莊公臣，言『晏子臣於莊公，公不說』，義不可
通。『臣』當作『亞』。《說文》：『亞，乖也。從二臣相違。讀若誑。』後人不
識『亞』字，又因次章『晏子為莊公臣』，遂誤為『臣』耳。」徐說無據。此
文謂晏子臣於莊公，公不說晏子也。「晏子臣於莊公」即「晏子為莊公臣」之
誼，「臣」字不誤。

（2）公令樂人奏歌曰：「已哉已哉！寡人不能說也，爾何來為？」（第
1 章）

按：孫星衍曰：「『已』、『說』、『來』為韻。」蘇時學曰：「『來為』當作『為

〔註 164〕王引之《經義述聞》卷 26，江蘇古籍出版社 1985，第 627 頁。

來』，『哉』與『來』叶也。」文廷式曰：「當以『哉』、『來』為韻，孫說誤。」
蘇、文二氏說韻字是也，但「來為」不當乙作「為來」，《資治通鑑外紀》卷 8 作
「爾何為來」，不可據。「為」是句末助詞，猶乎也〔註165〕。「何 V 為」是古書
常見句型（V 表示動詞）。《國語‧楚語上》：「亡人得生，又何來為？」

（3）晏子對曰：「嬰聞訟夫坐地，今嬰將與君訟，敢毋坐地乎？」（第 1 章）

按：《內篇諫下》：「景公獵休，坐地而食，晏子後至，左右滅葭而席。公
不說，曰：『寡人不席而坐地，二三子莫席，而子獨搴草而坐之，何也？』晏
子對曰：『臣聞介冑坐陳不席，獄訟不席，尸坐堂上不席。三者皆憂也，故不
敢以憂侍坐。』」《說苑‧雜言》晏子對曰：「嬰聞之，唯喪與獄坐於地。今不
敢以喪、獄之事侍於君矣。」皆獄訟不坐席而坐地之證。

（4）管籥其家者納之公，財在外者斥之市（第 1 章）

按：斥，孫詒讓、張純一解作斥賣，「斥」取斥出不用義〔註166〕，是也。
《漢語大字典》謂「斥」是分裂、分散義〔註167〕，非是。

（5）遂徒行而東，畊於海濱（第 1 章）

按：當九字作一句讀。「東」是方位詞，而非動詞。《外篇》：「退而窮處，
東畊海濱。」文誼相同。吳則虞曰：「元本『遂』誤『逐』。」明活字本亦誤作
「逐」。畊，顧氏重刊本作「耕」，《晉書‧傅玄傳》《上疏陳要務》用此典同，
異體字。

（6）嘖然而歎（第 2 章）

按：孫星衍曰：「嘖，一本作『喟』。《說文》：『喟，太息也。或作嘖。』
《字林》：『嘖，息憐也。』」〔註168〕吳則虞曰：「吳懷保本作『喟』。」銀雀山
漢簡本作「渭（喟）」。《韓詩外傳》卷 2：「哀公喟然太息。」《文選‧舞賦》李
善注引作「嘖然」。

〔註165〕裴學海《古書虛字集釋》，中華書局 1954 年版，第 125 頁。
〔註166〕孫詒讓《周禮正義》卷 3，中華書局 1987 年版，第 98 頁。
〔註167〕《漢語大字典》（第二版），崇文書局、四川辭書出版社 2010 年版，第 2167 頁。
〔註168〕「或作嘖」亦《說文》語，原文作「嘖，喟或從貴」。吳則虞標於引號外，則
　　　　誤以為是孫氏語矣。

（7）遂袒免，坐，枕君尸而哭（第2章）

按：孫星衍曰：「『免』即『絻』省文。」吳則虞曰：「『免』非『絻』省，疑免冠也。黃本校語疑『袒』，亦非。」黃本校語當是疑「袒」作「祖」，吳氏校語未晰。「免」指喪服，古人參加喪禮，去其冠，以白布裹髮，這種喪服因稱作免，字亦作絻，見《玉篇》，孫說不誤。銀雀山漢簡「袒」作「但」，本字。《儀禮·喪服》：「袒免，歸則已。」武威漢簡丙本亦作「但免」。駢宇騫曰：「『但』當讀為袒。」俱矣。

（8）有敢不盟者，戟拘其頸，劍承其心（第3章）

按：盧文弨曰：「拘，《御覽》兩引皆作『鉤』。」黃以周曰：「『拘』當依《後漢書·馮衍傳》注作『鉤』，下云『曲刃鉤之』。《御覽》卷480、376並作『鉤』。」吳則虞曰：「《後漢書》卷28注作『鉤』，卷58注作『以戟拘其頸』，又作『拘』，《十七史蒙求》引亦作『拘』，《白帖》、《御覽》卷353俱作『鉤』。」吳氏所引《後漢書》注分別見卷58、88，吳氏誤其出處。《冊府元龜》卷903引亦作「鉤」。拘，讀作鉤。下文云「曲刃鉤之，直兵推之」，《呂氏春秋·知分》：「直兵造胸，勾（句）兵鉤頸。」《韓詩外傳》卷2、《新序·義勇》「直兵推之，曲兵鉤之」，曲刃、句兵、曲兵即指戟，直兵即指劍。《左傳·襄公二十三年》：「或以戟鉤之，斷肘而死。」亦作正字。孔本《書鈔》卷124引「拘」作「抱」，張純一指出是形近而誤。承，猶言抵當。

（9）戟既在脰，劍既在心（第3章）

按：《說文》：「脰，項也。」「脰」即上文「頸」字之誼。亦借「頭」字為之，《呂氏春秋·高義》：「歿頭乎王廷。」《韓詩外傳》卷2、《新序·節士》、《渚宮舊事》卷2並作「刎頸」。《淮南子·脩務篇》：「決腹斷頭。」《戰國策·楚策一》作「斷脰」。

（10）回吾以利，而倍其君，非義也（第3章）

按：孫星衍曰：「回，《後漢書》注、《韓詩外傳》作『留』。」《後漢書·馮衍傳》李賢注引「回」作「留」，「倍」作「背」。《新序·義勇》二字作「回」、「背」。回，改變。留，止也。《說苑·立節》：「臨敵涉難，止我以利，是汙吾行也。」

（11）趨出，授綏而乘（第3章）

按：孫星衍曰：「授，《呂氏春秋》作『受』。綏，《韓詩外傳》作『纓』，非。」〔註169〕盧文弨曰：「授，《呂氏春秋・知分篇》同，《意林》所載《呂氏》作『援』，當從之。」黃以周曰：「『授』當作『受』。」《呂氏春秋》一本作「授綏」，《韓詩外傳》卷2同，孫氏失檢。張純一從盧說改「授」作「援」，是也。《呂氏春秋・貴生》：「王子搜援綏登車。」《管子・戒》：「公輟射，援綏而乘，自御，管仲為左，隰朋參乘。」《易林・頤之姤》：「執綏登車，驂乘東遊。」援亦執也。此皆登車援綏之證。下車亦援綏，《說苑・尊賢》云「文侯援綏下車」，是其例也。

（12）昔者嬰之治阿也，築蹊徑，急門閭之政，而淫民惡之（第4章）

按：淫，讀為遊。

（13）而惰民惡之（第4章）

按：惰，《治要》卷33引同，《意林》卷1引作「墮」〔註170〕，額濟納漢簡99ES18SH1：2作「隨」。「惰」是正字，「墮」、「隨」是借字。

（14）左右所求，法則予，非法則否，而左右惡之（第4章）

按：吳則虞曰：「《意林》『所』作『取』，是也。」吳說誤，《治要》卷33引作「左右之所求」。「取」是「所」形誤，此與下文「左右所求言諾，而左右說」對舉。

（15）嬰故老耄無能也（第5章）

按：《外篇下》：「嬰故老悖無能。」張純一曰：「『故』、『固』同。」耄，讀為瞀，字亦作愁、務、眊、耗、秏、貿、冒、眊。耄、悖，皆昏亂之義。

（16）蠶桑蓁收之處不足（第5章）

按：孫星衍曰：「『蓁』與『緐』通，《說文》：『緐，蓁束也。蓁〔註171〕，縷臂繩也。』」盧文弨曰：「『收』訛。言民皆勤于事也……然則『蓁牧』當作『蓁養牧放』解明矣。」黃以周從盧說。蘇時學曰：「『收』當作『牧』，謂

〔註169〕吳則虞標點誤以「受綏」連文。
〔註170〕《意林》據道藏本，聚珍本、清鈔本同，榕園叢書本、學津討原本、指海本、同文書局叢書本、四庫本亦作「惰」。
〔註171〕《晏子春秋集釋（增訂本）》第239頁「蓁」誤作「素」。

畜牧也，故下言『牧馬于魯』。」俞樾曰：「案『收』乃『牧』字之誤……孫氏不知『收』為『牧』之誤，反讀㸚為㸚，失之矣。」吳則虞曰：「黃本、《繹史》、指海本俱作『牧』，他本俱作『收』。」盧、蘇、俞說是也，王引之亦說「收」是「牧」之誤〔註172〕。

（17）晏子令吏重其賃，遠其兆，徐其日（第6章）

按：孫星衍曰：「《說文》：『賃，庸也。』言重其庸直。」盧文弨曰：「《荀子·王霸篇》楊倞注引作『重其績，遠其涂，佻其日』，皆是也。佻，緩也。」黃以周亦襲用盧說，是也。「賃」是「績」形訛，字亦作勛，事也。桂馥、王筠謂「兆」同「垗」，指兆域、封畔〔註173〕，非是。

（18）景公登東門防，民單服然後上（第7章）

按：蘇時學曰：「單服，單衣也。言東門隄高，登者必減衣然後能進。」吳則虞曰：「『單服』恐『卑服』之訛。『卑服』即『屈服』，猶言『蒲服』、『扶服』、『俛服』。隄高不易行，匍匐委蛇而上之。」魏代富曰：「單，盡也。服者，用也，駕也。單服然後上，謂使牛馬之力盡然後能上堤防。」〔註174〕蘇說是，吳說無據，且「卑服」亦與「蒲服」不同。《論語·鄉黨》：「當暑，袗絺綌。」孔安國曰：「暑則單服。」亦稱作「單衣」，秦漢人習語。又作「禪衣」，《說文》：「禪，衣不重。」《釋名》：「禪衣，言無裏也。」又「褋，南楚謂禪衣曰褋。」《方言》卷4：「禪衣，江淮南楚之閒謂之褋，關之東西謂之禪衣。」褋之言葉也，《說文》：「葉，葉薄也。」《繫傳》：「葉之言葉也，如木葉之薄也。」禪衣即無裏之衣、薄衣。

（19）蚤歲溜水至，入廣門，即下六尺耳（第7章）

按：孫星衍曰：「《說文》：『霤，屋水流也。』『溜』同『霤』。」盧文弨、俞樾並謂「溜」是「淄」形誤，黃以周謂「溜」當作「濟」。盧、俞說可備一通，張純一從其說改作「淄」。《戰國策·齊策三》：「至歲八月，降雨下，淄水至，則汝殘矣。」《白氏六帖事類集》卷30引誤作「溜水」，是其例，《風俗通

〔註172〕 王引之說轉引自王念孫《史記雜志》，收入《讀書雜志》卷2，中國書店1985年版，本卷第85頁。
〔註173〕 桂馥《說文解字義證》，王筠《說文解字句讀》，並收入丁福保《說文解字詁林》，中華書局1988年版，第13299～13300頁。
〔註174〕 魏代富《讀〈晏子春秋〉劄記》，《管子學刊》2011年第2期，第119頁。

義・祀典》又誤作「濟水」。然「溜」讀作流，泛指流水，不必指實是淄水，亦通。

（20）御婦人以出正閨（第 11 章）

按：蘇輿曰：「《治要》『閨』作『門』，下同。」《治要》誤也，《御覽》卷428、455 二引並作「閨」，《說苑・正諫》同。

（21）刖跪擊馬而反之（第 11 章）

按：孫星衍曰：「跪，足也。擊，《御覽》一作『繫』。」《治要》卷33、《御覽》卷428 引並作「擊」，《說苑・正諫》同。孫氏所據乃誤本。

（22）臣聞下無直辭，上有隱君；民多諱言，君有驕行（第 11 章）

按：孫星衍曰：「隱，《御覽》作『墮』，是。一作『隱惡』。」蘇輿曰：「一本作『隱惡』是也，與下『驕行』對文。《治要》作『惰君』。」張純一從蘇說改。吳則虞曰：「《說苑》作『上無隱君』。《御覽》卷455 引《說苑》作『上無隱惡』，是也。指海本改『惰君』，非。《御覽》卷428 無『民多諱言』，下句作『民多驕行』，與此異。」《御覽》卷455 引《說苑》作「上有隱惡」，吳氏誤「有」作「無」。《御覽》卷428 引下句作「民多矯行」，明顯是脫誤之文，吳氏引文不準確，又說「與此異」，尤誤。「下無直辭，上有惰君」與下文「明君在上，下多直辭」對文，蘇輿未得其文法。《說苑・正諫》同此文作「隱君」。《御覽》卷428 引作「墮君」，《治要》卷33 引作「惰君」，並是也。「墮」是「惰」借字，「隱」是「墮」形誤。《鶡冠子・著希》：「賢人之潛亂世也，上有隨君，下無直辭；君有驕行，民多諱言。」隨亦讀作惰，是其明證。《子華子・晏子問黨》：「上有放志，而下多忌諱。」亦足參證。《內篇問上》「上無驕行，下無諂德」，是此文「民多諱言，君有驕行」反面之筆。

（23）于是令刖跪倍資無征，時朝無事也（第 11 章）

按：孫星衍曰：「征，《說苑》作『正』。」吳則虞曰：「《御覽》引無『無征』二字。」張純一曰：「資者，給濟之謂。『征』、『正』同，稅也。」《御覽》卷455 引《說苑》亦無「無正」二字，脫其文耳，《治要》卷33 引同今本。張說非是。倍，讀作負。《說文》：「負，受貸不償。」資，讀作貲，賦稅。征、正，讀作徵。倍資無征，言不徵收其虧欠的賦稅。《後漢書・左雄傳》：「寬其

負算。」李賢注：「負，欠也。算，口錢也。」又《樊鯈傳》：「河南縣亡失官錢，典負者坐死及罪徙者甚眾。」李賢注：「典，謂主典。負，謂欠負。」「倍資」即「負算」，指虧欠的官錢。莊適曰：「倍資無征，倍其祿而不征賦也。」〔註175〕今人多從莊說，亦非是。

（24）晏子被元端，立於門曰（第12章）

按：孫星衍曰：「元端，《御覽》作『朝衣』。《說文》：『褍，衣正幅。』『端』與『褍』通。」元，顧氏重刊本、浙刻本、指海本同，明活字本、四庫本、日本鈔本作「玄」，《治要》卷33引同，《說苑・正諫》亦同。作「元」是清人避諱所改，張純一已回改作「玄」，而吳氏不知回改。《周禮・司服》「其齊服有玄端素端。」鄭玄注：「端者，取其正也。士之衣袂皆二尺二寸而屬幅，是廣袤等也。」《釋名》：「玄端，其袖下正直端方，與要（腰）接也。」「褍」是「端」分別字，取端正為義。

（25）諸侯得微有故乎？國家得微有事乎（第12章）

按：文廷式曰：「微，猶無也。」吳則虞曰：「《說苑》『事』作『故』，《御覽》卷468、844兩引亦作『故』。」王念孫、王引之亦並曰：「微，無也。」〔註176〕《御覽》卷844引作「國德（得）無有故乎」，易「微」作「無」。《治要》卷33引同今本。《御覽》卷455引上「故」作「諫」，「事」同今本。

（26）梁丘據左操瑟，右挈竽，行歌而出（第12章）

按：孫星衍曰：「《御覽》『出』作『至』。」黃以周曰：「元刻『出』作『去』，誤。一作『至』，亦非。」劉師培曰：「《書抄》卷110引『瑟』作『琴』，《治要》作『左擁琴』，《御覽》卷468作『左援琴』，卷844作『左執琴』。此作『操瑟』，『瑟』疑『琴』誤。」劉說非是，《御覽》卷455引仍作「操瑟」，《說苑・正諫》亦同。本書《外篇下》「非不知能揚干戚鐘鼓竽瑟以勸眾也」，《禮記・樂記》「然後鐘磬竽瑟以和之」，《戰國策・齊策五》「故鐘鼙竽瑟之音不絕」，又《趙策二》「聽竽瑟之音」，《說苑・貴德》「不聞竽瑟之聲」，皆「竽瑟」連文，例多不勝枚舉。「瑟」字不誤。《治要》引仍作「出」，

〔註175〕莊適選注《晏子春秋》，商務印書館1926年版，第57頁。
〔註176〕王念孫《晏子春秋雜志》、《餘編上》，收入《讀書雜志》卷8、16，中國書店1985年版，分別見本卷第100、52頁。

《御覽》卷 455、468、844 三引「出」作「至」，《說苑》同。「至」字不誤，亦通。顧氏重刊本、明活字本、日本鈔本作「去」，是「至」形訛。

（27）晏子侍于景公，朝寒，公曰：「請進暖食。」（第 13 章）

按：孫星衍曰：「暖，《說苑》作『熱』。」劉師培曰：「《治要》及《書鈔》卷 143 引『暖』作『煖』，《御覽》卷 849 引《說苑》亦作『請子進暖食於寡人』，與今本《臣術篇》『請進熱食』不同。」吳則虞曰：「《書鈔》卷 37 引亦作『煖』。」《御覽》卷 849 引《說苑》作「煖食」，《意林》卷 3 引同。孔本《書鈔》卷 37 引仍作「暖」，劉氏、吳氏均失檢。惠士奇曰：「《集韻》曰『䴴䴴，寒具』，引干寶《司徒儀祭》『用䴴䴴逢之類也』。蓋今之麥飥。暖食者，漢之寒具也。先鄭謂『朝事者，清朝未食，先進寒具，口實之籩。』則饋食加羞，皆非祭禮，乃王者之饋食、燕食可知矣。」孫詒讓從其說 〔註 177〕。

（28）嬰非君奉餽之臣也（第 13 章）

按：孫星衍曰：「奉餽，《說苑》作『廚養』。『餽』與『饋』通。」奉餽，《治要》卷 33、《書鈔》卷 37 引同，《書鈔》卷 143 引作「奉餞」。

（29）作為辭令，可分布于四方（第 13 章）

按：吳則虞曰：「《治要》無『分』字，『方』下有『也』字，指海本已據補。」「分」是「頒」之省文，本字作「𡘋」，或借「班」為之。

（30）財不足，請斂于氓（第 14 章）

按：吳則虞曰：「氓，吳懷保本作『民』。」今本《說苑·貴德》作「民」，《御覽》卷 627 引同。

（31）今上樂其樂，下傷其費，是獨樂者也（第 14 章）

按：蘇輿曰：「《音義》『者』作『音』，云：『音，一本作者。』」吳則虞曰：「元刻本、活字本、嘉靖本、凌本皆作『音』。」顧氏重刊本、浙刻本、指海本、日本鈔本都作「者」，《說苑·貴德》同。「音」是「者」形誤。

〔註 177〕 惠士奇《禮說》卷 2，收入《叢書集成三編》第 24 冊，新文豐出版公司 1997 年版，第 271～272 頁。孫詒讓《周禮正義》卷 10，中華書局 1987 年版，第 381 頁。

（32）范昭曰：「請君之棄罇。」（第 16 章）

按：孫星衍曰：「《韓詩外傳》作『願君之倅樽以為壽』，《新序》作『願請君之樽酌』，《後漢書》注作『序酌』，《文選》注作『願得君之樽為壽』。」黃以周曰：「『罇』當作『尊』。《後漢書・馬融傳》注作『願請君之棄酌』。」劉師培曰：「《御覽》卷 761 引作『請君棄樽酌』，卷 574 作『請公之樽酌』，《事類賦注》卷 11 作『范昭請公之樽酌』，《孫子》杜牧注引同。疑今本『樽』下挩『酌』字。」于省吾曰：「『棄罇』不詞，作『倅樽』者是也……《易・坎》六四虞注『禮有副尊』，蓋君之飲酒，用尊非一，故有副尊，亦猶鼎之有陪鼎也。」吳則虞曰：「宋本《御覽》卷 574 引作『棄酌』。」于說是也，然于氏失檢前人之說。沈欽韓曰：「『棄酌』、『棄樽』皆誤也，《韓詩外傳》作『倅樽』。倅，貳也。」〔註 178〕孫詒讓曰：「《外傳》云云，倅尊，亦即副尊也。」〔註 179〕

（33）景公伐魯，傅許，得東門無澤（第 17 章）

按：孫星衍曰：「傅，讀附，《墨子》有《蟻傅篇》。」劉師培曰：「《白帖》卷 81 引作『景公將伐魯，特謳東門無澤』。『特謳』即『傅許』之訛。」吳則虞曰：「《書鈔》卷 159、《御覽》卷 35、68 引皆無『傅許』二字。」《白帖》卷 81 引作「特訊」，《白氏六帖事類集》卷 23 引作「持訊」，劉氏誤「訊」作「謳」，吳則虞照錄，而不知檢正。吳氏所引《書鈔》卷 159，乃據陳本，孔本無此文。《事類賦注》卷 8 引亦無「傅許」二字。無澤，《書鈔》卷 156 引作「無擇」。

（34）陰水厥，陽冰厚五寸（第 17 章）

按：盧文弨曰：「《文選・海賦》注引作『陰冰凝陽』，《御覽》『水』亦作『冰』。」孫頤谷說同。王念孫曰：『盧讀『陰水厥陽』為句，非也。此文本作『陰冰凝（句），陽冰厚五寸』。（《海賦》『陽冰不冶』本此）。陰冰者，不見日之冰也；陽冰者，見日之冰也。」黃以周、徐友蘭從王說。劉師培曰：「《書鈔》、《白帖》引作『陰冰厥』，《御覽》卷 68 引作『陰冰凝』，當據訂。」金其源曰：「孫頤谷云云，盧說同。王說云云。按《說文》：『冰，水堅也。凝，俗冰從疑。』是『凝』即『冰』也，不當作『冰凝』。《內經・五藏生成篇》『凝於足者為厥』，陰水厥者，謂背陽之水，其凝及足，甚於腹堅。陽冰厚五

〔註 178〕沈欽韓《後漢書疏證》卷 7，上海古籍出版社 2006 年版，第 139 頁。
〔註 179〕孫詒讓《周禮正義》卷 9，中華書局 1987 年版，第 356 頁。

－565－

寸者，謂向陽之水，冰結於面，其厚五寸，未及腹堅也。」吳則虞曰：「黃本、吳懷保本、指海本『水』作『冰』。」劉氏所引《書鈔》見卷 156。王讀是也，唐李陽冰之名本此。《御覽》卷 68 引作「陰水凝」，孫氏、劉氏誤記。《御覽》卷 35 引亦作「陰冰厥」，當即盧氏所據，《白氏六帖事類集》卷 23 引同。此文「水」是「氷（冰）」形誤，「厥」是「疑」形誤，「疑」又「凝」省文，指結冰。《內經》與本文無涉，金說非是。

（35）請禮魯以息吾怨（第 17 章）

按：吳則虞曰：「《書鈔》、《御覽》引皆無『吾』字，指海本作『君盍禮魯，以息吾怨』。」吳氏所引《書鈔》，見陳本卷 159，《御覽》引見卷 68。陳本《書鈔》卷 156 引則有「吾」字。《事類賦注》卷 8 引亦無「吾」字。《御覽》卷 35 引作「君盍禮魯以息吾怨」（張純一已及），此指海本所據，《御覽》有注：「盍，何不也。」（王叔岷已及）

（36）魯使子叔昭伯受地（第 18 章）

按：孫星衍曰：「《左傳·昭十六年》有子服昭伯，杜預注：『惠伯之子子服回也。』疑即此人。」《漢書·古今人表》魯有「叔孫昭子」，沈欽韓引《晏子》此文，云：「子叔昭伯即叔孫婼也，以《定十年傳》齊侯稱武叔為子叔孫知之。」〔註 180〕

（37）諸侯相見，交讓，爭處其卑，禮之文也；交委多，爭受少，行之實也（第 18 章）

按：張純一曰：「『多爭受少』當作『爭受其少』，與『爭處其卑』對文。今本『爭』上衍『多』字，『受』下脫『其』字，文不成義。」吳則虞曰：「『讓』下疑奪『尊』字。交讓尊，君子自卑而尊人也。『受』下疑奪『其』字，『爭受其少』與上『爭處其卑』對文。」張、吳補「其」字是也，吳氏補「尊」字非是。交，猶言互相。交讓，互相禮讓。「交委多」疑當作「委利」。《淮南子·泰族篇》：「民交讓，爭處卑；委利，爭受寡；力事，爭就勞。」《文子·下德》：「民交讓，爭處卑；財利，爭受少；事力，爭就勞。」即本此文。

〔註 180〕沈欽韓《漢書疏證》卷 9，收入《續修四庫全書》第 266 冊，上海古籍出版社 2002 年版，第 281 頁。

（38）勿乘駑馬，則無置不肖于側乎（第 19 章）

按：置，《御覽》卷 896、《事類賦注》卷 21 引作「致」〔註 181〕，借字。

（39）紀有書，何以亡也（第 19 章）

按：吳則虞曰：「《事類賦注》引作『紀得此書』，《御覽》引作『紀有此書』。」《事類賦注》卷 21 引亦作「紀有此書」，吳氏失檢。

（40）紀有此言，注之壺，不亡何待乎（第 19 章）

按：吳則虞曰：「《御覽》、《事類賦注》引作『紀有此書，藏之於壺，不亡曷待』。」注，讀為置，字亦作鈺，《廣雅》：「鈺，置也。」王念孫曰：「《韓詩外傳》：『於此有絺綌五兩，敢置之水浦。』《列女傳》作『願注之水旁』，是『注』為『置』也。（『注』與『鈺』通。）」〔註 182〕

（41）吾少之時，人多愛我者，吾體不能親；人多諫我者，吾志不能用（第 20 章）

按：吳則虞曰：「《御覽》卷 997 引『體』作『禮』。《漢書·賈誼傳》『所以體貌大臣』，注：『謂加禮容而敬之也。』《御覽》『志』作『忌』，『用』作『從』。」《治要》卷 33、《類聚》卷 82 引仍作「體」。「體」、「志」對文，吳氏引《漢書》，非是。志，《治要》引同，《類聚》引作「忘」。「忌」、「忘」並是「志」形誤。張純一據《御覽》改作「吾忌不能從」，非是。

（42）譬之猶秋蓬也，孤其根而美枝葉，秋風一至，根且拔矣（第 20 章）

按：北大漢簡（三）《儒家說叢》：「辟（譬）若秋蓬之美其支（枝）葉而惡其根萁（基）也，見時風至而厥（蹷）矣。」《說苑·敬慎》：「是猶秋蓬惡於根本而美於枝葉，秋風一起，根且拔矣。」拔則蹷矣，其義相因。

（43）夫愚者多悔，不肖者自賢（第 20 章）

按：俞樾曰：「《說苑·雜言篇》載越石父曰『不肖人自賢也，愚者自多也』，即本《晏子》之言。疑此文本作『愚者自多』。」黃以周從俞說。劉師

〔註 181〕《事類賦注》據南宋刻本，康熙劍光閣藏版、四庫本「致」誤作「馭」。
〔註 182〕王念孫《廣雅疏證》，收入徐復主編《廣雅詁林》，江蘇古籍出版社 1992 年版，第 286 頁。

培曰：「《御覽》卷 741 引『悔』作『悔』，義較長。」于省吾曰：「按俞說殊誤。」宋本《御覽》仍作「悔」，《治要》卷 33 引同，劉氏所據為誤本。北大漢簡（三）《儒家說叢》：「愚者自慧，不宵（肖）者多悔，遫（惑）者不問其路，弱（溺）者不問其遂也。」雖二句互易其詞，足證「悔」字不誤也。

（44）溺者不問墜，迷者不問路（第 20 章）

按：王念孫曰：「案『墜』本作『隊』，『隊』與『隧』同。《廣雅》曰：『隊，道也。』《大雅·桑柔》傳曰：『隧，道也。』溺者不問隊，謂不問涉水之路，故溺也。不問隊，不問路，其義一而已矣。《荀子·大略篇》『迷者不問路，溺者不問遂』，楊倞曰：『遂，謂徑隧，水中可涉之徑也。』是其證。後人誤以『隊』為『顛墜』之墜，故妄加『土』耳。《治要》引正作『溺者不問隧』。」黃以周從王說。蘇時學曰：「墜，猶坎陷也。」蘇輿曰：「『墜』當依《荀子》作『遂』，《詩·載馳篇》《釋文》引《韓詩》曰：『不由蹊遂而涉曰跋涉。』《淮南·修務訓》高注：『不從蹊遂曰跋涉。』二『遂』字與此義同。作『墜』者，蓋誤文。」王念孫、蘇輿說是也。北大漢簡（三）《儒家說叢》：「遫（惑）者不問其路，弱（溺）者不問其遂也。」亦作「遂」字。

（45）譬之猶臨難而遽鑄兵，噎而遽掘井，雖速亦無及已（第 20 章）

按：孫星衍曰：「《說文》：『噎，飯窒也。』速，《御覽》作『悔』。」俞樾曰：「按『掘井』與『噎』無涉，《說苑·雜言篇》作『譬之猶渴而穿井』。」劉師培曰：「《御覽》引『噎』上有『臨』字，當據補。」張純一曰：「《墨子·公孟篇》『是譬猶噎而穿井也』，言掘井雖速，無濟於噎，義與此同。蓋飯窒而噎，飲水可止，古有是喻。《說苑》作『譬之猶渴而穿井』。」

宋本《御覽》仍作「速」，《治要》卷 33 引同，孫氏所據乃俗本。劉說誤，「噎」上承上文省「臨」字，不必據《御覽》引補，《治要》卷 33 引同今本。北大漢簡（三）《儒家說叢》：「辟如臨戰乃鑄兵，餲（噎）而後鑿井。」《御覽》卷 741 引《戰國策》逸文：「噎而後穿井，何及於急？」《墨子·公孟》：「是譬猶噎而穿井也，死而求醫也。」皆「噎」字不誤之確證。吳闓生曰：「噎、渴蓋通用，不煩改字。『陰噎』之為『陰渴』，是其證也。」吳毓江曰：「噎、渴聲轉甚近。《說苑·奉使篇》曰『寡人所謂飢而求黍稷、渴而穿井者。』」〔註 183〕二吳說是也，「聲噎」轉作「聲喝」，亦其證。《素問·四

〔註 183〕二氏說皆見吳毓江《墨子校注》卷 12，中華書局 1993 年版，第 719 頁。

氣調神大論》：「譬猶渴而穿井，鬥而鑄錐。」《金樓子》卷4：「渴而穿井，臨難鑄兵。」《劉子·言菀》：「臨渴而穿井，方饑而植禾。」並作「渴」字。

（46）夫禮曰：「登階不歷，堂上不趨，授玉不跪。」（第21章）

　　按：《初學記》引此文，無「登階不歷」四字，「玉」作「立」。考《禮記·曲禮上》「堂上不趨……授立不跪，授坐不立。」又《少儀》、《問喪》有「堂上不趨」語，《少儀》有「受立、授立，不坐」語。「登階不歷」今本《禮記》無記載。此文「玉」當是「立」形訛。《韓詩外傳》卷4：「晏子聘魯，上堂則趨，授玉則跪。《論衡·知實》：「晏子聘于魯，堂上不趨，晏子趨；授玉不跪，晏子跪。」並誤作「玉」字，《御覽》卷523引《外傳》「玉」正作「立」，而諸家皆不知校正。又考《呂氏春秋·安死》：「孔子徑庭而趨，歷級而上……徑庭歷級，非禮也；雖然，以救過也。」《家語·曲禮子夏問》：「孔子聞之，歷級而救焉。」王肅注：「歷級，遽登階不聚足。」《史記·孔子世家》：「孔子趨而進，歷階而登。」《索隱》：「謂歷階級也。故王肅云：『歷階，登階不聚足。』」孔子以事急，故不拘禮，可證逸禮確有「登階不歷」之說。徐仁甫以《曲禮》無「登階不歷」之文，因謂「夫禮曰」之「曰」是衍文，非是。

（47）晏子曰：「去其二肩。」（第22章）

　　按：盧文弨曰：「去，藏也。下所以云『藏餘不分』。」黃以周曰：「去，古『弆』字，藏也。」長孫元齡說同黃氏。惠士奇亦曰：「去，藏也。」〔註184〕

（48）量功而不量力，則民盡（第22章）

　　按：徐仁甫曰：「『盡』謂精於事也。」徐說非是。「盡」謂力盡疲憊。《荀子·哀公》：「歷險致遠，馬力盡矣。」《說苑·辨物》：「今宮室崇侈，民力屈盡。」句謂如果但程量事功而不程量民力，則民力盡矣。

（49）曾子將行，晏子送之曰：「君子贈人以軒，不若以言。」（第23章）

　　按：孫星衍曰：「軒，《說苑》作『財』，非。『軒』與『言』為韻。」黃以周曰：「《說苑·雜言篇》、《家語·六本篇》、《文選·贈蔡子篤詩》注並作『以財』。」吳則虞曰：「《荀子·大略》『庶人贈人以財』與『君子贈人以言』對。

〔註184〕惠士奇《禮說》卷1，收入《叢書集成三編》第24冊，新文豐出版公司1997年版，第263頁。

《潛夫論・遏利篇》：『貽之以言，弗若以財。』《史記・孔子世家》：『富貴者送人以財，仁人者送人以言。』亦以『言』、『財』並舉。《意林》卷1、《御覽》卷983、《諸子瓊林》卷24並作『財』。作『軒』者恐沿《莊子》而訛。」吳說非是，《類聚》卷31、《御覽》卷390引此文並作「軒」。又《莊子》無此語，吳氏亦失檢。

（50）雖有槁暴，不復贏矣（第23章）

按：孫星衍曰：「《荀子・勸學篇》：『雖有槁暴，不復挺者。』按『贏』、『挺』聲相近。」吳則虞曰：「《荀子・勸學》、《大略》兩注引皆作『贏』。贏者，革有贏而木不足也。槁暴為其因，贏不足為其果，獨言『贏』者，省詞耳。作『贏』者，借字。」吳說非是，又宋本《荀子》二注引皆作「贏」，吳亦失檢。當以「挺」為本字，《大戴禮記・勸學》亦作「挺」。楊倞注：「挺，直也。」

（51）和氏之璧，井里之困也（第23章）

按：孫星衍曰：「《意林》作『井里璞耳』，《荀子・大略篇》『和之璧，井里之厥也』，楊倞注：『井里，里名。厥也，未詳。或曰：厥，石也。《晏子春秋》作「井里之困也」。』〔註185〕謝侍郎墉案：《說文》：『厤，門梱也。梱，門厤也。』《意林》不解，乃改為『璞』。星衍案：宋人刻石稱門限為石闉根，『厥』與『困』，蓋言石塊耳。」盧文弨曰：「案『厥』同『厤』，《說文》：『厤，門梱也。梱，門厤也。』《荀子》以厥為厤，《晏子》以困為梱，皆謂門限。」劉師培曰：「《御覽》卷806、《希麟續音義》卷6並引『困』作『朴』，《法苑珠林》卷28引同（自注曰：「《孔叢子》云『井里之厥』。」）《荀子・大略篇》楊注則云『本書作困』，據《三國志・魏文帝傳》裴注引《魏略》鄭稱拜官令曰『和氏之璧，由井里之困』（或本誤『田』），自以作『困』為古〔註186〕。」謝墉校《荀子》，實出自盧文弨之手〔註187〕，故其

〔註185〕「《晏子春秋》作『井里之困也』」10字亦楊倞注語，吳則虞誤作孫氏語。

〔註186〕吳則虞此上標點亦誤，徑正。

〔註187〕嚴元照云：「先生（引者按：指盧文弨）所校書，自付梓者，《逸周書》、《白虎通》等是也；它人出貲者，則不自署名。若《荀子》則嘉善謝，《呂覽》則鎮洋畢，《韓詩外傳》則武進趙，唯以書之流播為樂，不務以劉向、楊雄自詡也。」嚴元照曾向盧抱經問學，當知此事之原委，則謝墉校語實出盧文弨之手也。嚴元照《又書盧抱經先生札記後》，收入《悔庵學文》卷8，陸心源輯《湖州叢書》本。

說與盧氏略同。然盧氏實是引段玉裁說〔註188〕，王筠亦從段說〔註189〕。王念孫說亦同段氏，又指出：「𪏴，字亦作橜，通作厥。」〔註190〕王引之、桂馥、孫詒讓、于省吾說皆同〔註191〕。諸說是也，「梱」亦作「闑」。《墨子·備城門》：「試藉車之力而為之困。」孫詒讓曰：「困，梱之借字。《說文》云：『梱，門橜也。𪏴，一曰門梱也。』」並引《荀》、《晏》為證〔註192〕。《法苑珠林》注引作「孔鄉子」，當作「孫卿子」，即「荀子」。劉氏作「孔叢子」，誤矣。王叔岷指出《希麟音義》引見卷 10，劉氏誤記。《御覽》卷 802 亦引作「朴」，又引《孫卿子》作「井里之璞」。傅山、洪頤煊、朱亦棟、毛奇齡、馬敘倫、梁啟雄解「厥」作「發石」，皆誤〔註193〕，茲不具錄。《子華子·神氣》：「於是吾之宗君薦其所以為祥者，其族有三：曰井里之璞也，曰太山之器車也，曰唐叔異畆之禾也。」〔註194〕《玉海》卷 204 引《周瑞節銘》：「夫井里之璞，禺（喁）氏之珍。」諸書引作「璞」、「朴」者，蓋緣此耳。

（52）今夫蘭本，三年而成，湛之苦酒（第 23 章）

按：孫星衍曰：「湛，漬也。《荀子·大略篇》作『漸于蜜醴』，《勸學篇》作『其漸之滫』。」吳則虞曰：「此句似原作『今夫蘭本，而或湛之以滫』。滫者，《禮記·內則》注：『秦人滫曰滫。』《士虞禮》注：『淺，今文作酸，白酒也。』後人誤『淺溺』之淺為白酒之淺，因易為『酒』，又疑酒無惡臭義，復增『苦』字。《文選·贈蔡子篤詩》注引猶作『湛之以酒』，作『以』不作『苦』。『而或』者，假有其事，猶《荀子》作『其漸之滫』之『其』字也。『而或』訛為『而成』，因改從上句讀，似云蘭本必待三年而後成矣。《說苑·雜言》：『今夫蘭本，三年湛之鹿醢』，此言湛之三年，言其湛之久，非

〔註188〕盧文弨《鍾山札記》卷 1，中華書局 2010 年版，第 29 頁。
〔註189〕王筠《說文解字句讀》，中華書局 1988 年版，第 213 頁。
〔註190〕王念孫《廣雅疏證》，收入徐復主編《廣雅詁林》，江蘇古籍出版社 1992 年版，第 534 頁。
〔註191〕王引之《經義述聞》卷 10，江蘇古籍出版社 1985 年版，第 230 頁。桂馥《說文解字義證》，齊魯書社 1987 年版，第 505 頁。孫詒讓《墨子閒詁》，中華書局 2001 年版，第 533 頁。于省吾《雙劍誃墨子新證》卷 3，收入《雙劍誃諸子新證》，中華書局 2009 年版，第 1122 頁。
〔註192〕孫詒讓《墨子閒詁》卷 14，中華書局 2001 年版，第 533 頁。
〔註193〕參見蕭旭《荀子校補》，花木蘭文化出版社 2016 年版，第 558～560 頁。
〔註194〕《子華子》據道藏本，《玉海》卷 78、87、125，《小學紺珠》卷 10 引同，四庫本《子華子》誤作「並里」。

三年而始成蘭本也。後人據《說苑》誤入『三年』二字，『而或』又誤為『而成』，致訛為『蘭本三年而成』矣。」吳氏改字，不足信。孫說是也，湛、漸一聲之轉，猶浸也、漬也。滌，久泔也。《釋名》：「苦酒，淳毒甚者酢苦也。」《御覽》卷866引此文同今本，而入「醯」條，又引《吳錄地理志》：「吳王築城以貯醯醢，今俗人呼苦酒城。」《海錄碎事》卷6引《魏名臣傳》：「官飯（販）苦酒，與百姓爭錐刀之末，宜停之。」又引注：「苦酒者，醋也。」是「苦酒」為「醯」，指醋（酢）。《毛詩草木鳥獸蟲魚疏》卷上：「荇，一名接余……鬻其白莖，以苦酒浸之，脆美可案酒。」此亦以苦酒浸之之例。下文「湛之麋（糜）醢」，醢者醬也。古書常「醯醢」連文或對言。

（53）而賈匹馬矣（第23章）

按：孫星衍曰：「《說苑》作『既成則易以匹馬。』」劉師培曰：「『賈』疑『貿』誤。《文選》注引作『貨以匹馬』（《御覽》卷983引作『而駕征馬矣』，誤），《家語》作『則易之匹馬』，『貿』與『易』同。」劉說非是。此文與《說苑》、《家語》表達不同而意思相同。「賈」即「價」字，《御覽》引作「駕」，又「價」音誤。「匹」或作「疋」，形誤作「正」，《御覽》因誤作「征」。《文選》注作「貨」，是「賈」形誤。

（54）嬰聞汩常移質，習俗移性（第23章）

按：孫星衍曰：「汩常，《說苑》作『反常』。《說文》：『淈，濁也。』《玉篇》：『淈亦汩字。』汩，古沒切，汩沒。」〔註195〕《荀子・儒效》：「習俗移志，安久移質。」

（55）燕之遊士，有泯子午者（第26章）

按：孫星衍曰：「姓泯，字子午。」《漢書・古今人表》有「燕子干」，盧文弨曰：「燕子干者，將毋《晏子》所稱『燕之游士泯子午者』，即其人耶？」〔註196〕沈欽韓曰：「《表》作『干』者，隸體『干』字作『𠦑』，與『午』相似而誤。《諫上》有秦士子牛，《韓詩外傳》卷10作『行人子牛』，意即『子𠦑』，又訛為『子牛』。」〔註197〕意沈氏以「干」為正字，非也，當以「午」

〔註195〕吳則虞引其文標點有誤，逕正。

〔註196〕盧文弨《與梁曜北（玉繩）書》，《抱經堂文集》卷21，收入《叢書集成初編》第2502冊，中華書局1985年影印，第302頁。

〔註197〕沈欽韓《漢書疏證》卷10，收入《續修四庫全書》第266冊，上海古籍出版

為正字。梁玉繩曰：「燕子干，燕士泯子午，惟見《晏子春秋・雜上》。『午』訛『干』。」〔註198〕錢大昕、王榮商皆從梁說〔註199〕，是也。「子午」是其名。

（56）睹晏子，恐慎而不能言（第26章）

按：蘇時學曰：「『慎』當作『懼』。」孫詒讓曰：「《廣雅》云：『慎，恐也。』此古義之僅見者。」黃以周曰：「『慎』當作『懼』，李本作『思』，古『懼』字。」張純一從黃說改。吳則虞曰：「楊本亦作『思』。」各本皆作「慎」，李本、楊本作「思」，蓋臆改。孫氏說是也。但孫氏說此文「慎」是古義之僅見者，則未然也。《漢書・王莽傳》：「光素畏慎，不敢不上之。」《白虎通・京師》：「明當懼慎。」慎亦畏懼義。《廣雅》又云：「慎，憒也。」憒亦恐懼義。

（57）晏子假之以悲色，開之以禮顏，然後能盡其復也（第26章）

按：錢熙祚曰：「『悲』字疑誤，《繹史》引作『慈色』。」孫詒讓曰：「悲色，猶言『匪色』，即謂形色也。」于省吾曰：「按『悲色』不詞，悲應讀作斐，通『匪』。假之以文美之色，猶言假之以好色也。」張純一曰：「悲，憫也。復，白也。白，猶言也。」吳則虞曰：「《繹史》作『慈色』。『慈』當為『悲』之形訛。」徐仁甫曰：「復，語也，訓見《廣雅》。上文曰『恐慎而不能言』，此云『然後能盡其語也』，『語』字即承上『言』字來。」張、徐說是也，「悲」讀如字。悲色，悲憐之色，悲憫之色。假，寬容。下文云「且猶不能殫其言於我」，「殫其言」即「盡其復」之誼。

（58）然吾失此，何之有也（第26章）

按：孫星衍曰：「未詳。」蘇時學曰：「案當作『何不憂也』。」文廷式曰：「『有』字誤衍，晏子之意謂吾失此，齊將何往邪？蓋傷不得見賢之甚。」劉師培曰：「『何』下挩一字。」于省吾曰：「按『之』猶『以』也。」張純一曰：

社 2002 年版，第 311 頁。

〔註198〕梁玉繩《漢書人表考》，收入《叢書集成初編》第 3710 冊，中華書局 1985 年影印，第 322 頁。

〔註199〕錢大昕《三史拾遺》卷 2，收入《嘉定錢大昕全集（四）》，江蘇古籍出版社 1997 年版，第 49 頁。王榮商《漢書補注》卷 7，收入《二十四史訂補》第 2 冊，書目文獻出版社 1996 年版，第 1066 頁。

「當作『何功之有也』，今脫『功』字，文不成義。」王叔岷曰：「之，語助。
『也』與『邪』同。」「何之有也」不誤，何，猶無也。「之」是「有」的前
置賓語。《荀子·解蔽》：「周而成，泄而敗，明君無之有也。宣而成，隱而敗，
闇君無之有也。」又《正名》：「知道之莫之若也，而不從道者，無之有也。」
亦即古書常見句式「未之有也」的變例。

（59）齊有北郭騷者，結罘罔，捆蒲葦，織屨，以養其母（第27章）

　　按：孫星衍曰：「今本『罘』作『果』，據《呂氏春秋》訂正。『捆』當為
『稇』，《說文》：『絭束也。』《呂氏春秋》作『梱』。案『稇』正字，『梱』借
字，『捆』俗字。」吳則虞曰：「元刻本、活字本、楊本俱作『果』。」《呂氏春
秋》見《士節篇》。浙刻本作「罘」不誤。《永樂大典》卷10812引《呂氏》作
「捆」，正字當作「摑」，《說文》：「摑，手推（椎）之也。」明活字本、日本
鈔本形誤作「捆」。

（60）養其（及）親者身伉其難（第27章）

　　按：孫星衍曰：「高誘注《呂氏春秋》：『伉，當。』《說苑》、《類聚》作
『更』。」《說苑》見《復恩篇》，《類聚》見卷33。王叔岷曰：「《御覽》卷479
引『伉』亦作『更』。」更、伉一聲之轉。俞樾曰：「更，讀為伉。」〔註200〕
字亦作亢，《廣雅》：「亢，當也。」本字作抗，《說文》：「抗，扞也。」《小爾
雅》：「抗，禦也。」阜陽雙古堆漢簡《呂氏春秋》作「閈」，胡平生曰：「閈、
伉，二字音近，故得相通。」〔註201〕未見相通之例。閈當讀為扞。《漢書·
刑法志》顏師古注：「扞，禦難也。」與「抗」同義。朱大韶曰：「『受』與
『更』古以義同而通用。《燕禮大射儀》『更爵洗』，《特牲禮》『主人更爵酌
醋』，注並云：『古文更為受。』《春官·巾車》『歲時更續』，故書『更』為
『受』。《昭二十九年左傳》『以更豕韋之後』，《夏本紀》『更』作『受』。（《周
本紀》『膺更大命』，謂應受大命也。《說苑·復恩篇》『養及親者身更其難』，
謂身受其難也。）」〔註202〕朱說非是。《說苑》「更」當取俞說，抵當義；朱

〔註200〕俞樾《諸子平議補錄·說苑》，中華書局1956年版，中華書局1956年版，第
　　　　127頁。
〔註201〕胡平生《阜陽雙古堆漢簡〈呂氏春秋〉》，《古文字與古代史》第4輯，台灣中
　　　　研院歷史語言研究所2015年版，第530頁。
〔註202〕朱大韶《實事求是齋經義》卷1，收入《皇清經解續編》卷739，上海書店
　　　　1988年版，第3冊，第831頁。

氏所舉「更」、「受」異文例，都是形訛。

（61）為地戰者，不能成其王；為祿仕者，不能正其君（第 28 章）

按：孫星衍曰：「不能正其君，《說苑》作『不能成政』。」正、政，並讀為証，諫也。《淮南子·兵略篇》：「夫為地戰者，不能成其王；為身戰者，不能立其功。」《文子·上義》「身戰」作「身求」。《論衡·量知》：「為地戰者，不能立功名；貪爵祿者，不能諫於上。」

（62）高糾與嬰為兄弟久矣，未嘗干嬰之行，特祿之臣也，何足以補君乎（第 28 章）

按：孫星衍曰：「祿，《說苑》作『進』。」黃以周曰：「元刻『祿』下有『仕』字，當據補。上文云『為祿仕者不能正其君』，此云『特祿仕之臣也』，正應上文，標題亦云『晏子辭以祿仕之臣』，則有『仕』字甚明。」劉師培曰：「『特』當作『持』。持祿者，保持祿養也，故晏子以高糾為持祿之臣，及『持』誤作『特』，後人遂于『祿』下補『仕』字矣。」吳則虞曰：「楊本亦有『仕』字。」王叔岷曰：「明本《說苑》『進』作『祿』，與此同。黃之案本、明活字本、子彙本『祿』下皆有『仕』字，與元本合。《說苑》亦有『仕』字，孫本蓋誤脫也。黃以周云云。劉氏不察，乃據誤脫之孫本為說，徒費辭耳。」黃、王說是，劉說誤。四庫本、日本鈔本「祿」下亦有「仕」字。宋刻元明遞修本《說苑·君道》亦作「特祿仕」，元刻本、明鈔本（即四部叢刊本）、龍谿精舍叢書本、四部備要本同，漢魏叢書本、子書百家本、四庫本誤作「特進仕」，孫氏所見本誤同。蓋其誤始於明代也。特，猶但也。

（63）嬰之家俗有三（第 29 章）

按：蘇時學曰：「家俗，猶家法。」「俗」是「法」形訛。古文字中「去」異體字作「𠫓」，「𠫓」、「谷」形近易混〔註203〕，故此文「法」訛作「俗」。

（64）出不相揚美，入不相削行，則不與（第 29 章）

按：蘇時學曰：「削，猶切磋之意。」「削行」與「揚美」對舉，「削行」謂除去其惡行。《荀子·臣道》：「事暴君者，有補削，無撟（矯）拂。」楊倞

〔註203〕 參見李軼、李守奎《〈說文〉「谷」字探源》，《中國文字研究》2008 年第 1 輯，第 111～115 頁；又收入李守奎《漢字學論稿》，人民美術出版社 2016 年版，第 12～17 頁。李文承薛培武檢示，謹致謝忱！

註：「補，謂彌縫其闕。削，謂除去其惡。言不敢顯諫闇匡教之也。」「削」亦此義。《賈子·官人》：「……內相匡正，外相揚美，謂之友。」「入相削行」即「內相匡正」之誼。除去善行亦謂之「削行」，《莊子·胠篋》：「削曾、史之行，鉗楊、墨之口。」成玄英疏：「削，除也。」此「削行」謂除去曾參、史魚的至孝和忠信之行。

《內篇雜下》第六校補

（1）猶懸牛首于門，而賣馬肉于內也（第1章）

按：孫星衍曰：「『賣』隸書作『賣』，『賣』隸書亦如此。二字義通，未詳孰是。《說苑》作『求買馬肉也』。」盧文弨曰：「賣，《御覽》作『鬻』，此『賣』當作『賣』，與『鬻』同。內，《御覽》作『市』，似非。」王念孫曰：「案『賣』與『鬻』同，字本作『賣』。『賣』與『賣』不同。賣，莫邂反，字本作『賣』。《御覽》引《晏子》正作『鬻』。『內』作『市』，是也。懸牛首于門，喻服之于內也；賣馬肉于市，喻禁之于外也；則當作『市』明矣。若云『賣馬肉于內』，則義不可通。蓋涉上下文三『內』字而誤。」錢馥曰：「賣，衒也。玩上下文義，自是『賣』字，不當作『賣』。又《御覽》作『鬻』，是『賣』之叚借字〔註204〕，則『內』作『市』為是。」黃以周曰：「案既謂之賣，似非禁矣。懸牛首于門，乃喻縣禁于外也；賣馬肉于內，喻服之于內。當從盧說。」劉師培曰：「《呂氏春秋·審分覽》高注云：『里諺所謂懸牛頭而賣馬脯。』〔註205〕與此文合，『賣』字非訛。」張純一曰：「門，國門。內，宮內。『門』與『內』對文。」劉、張說是也，此二字當作「賣」、「內」，「賣」是售賣義。黃說「懸牛首於門，乃喻縣禁於外也；賣馬肉於內，喻服之於內也」亦是，但不當從盧說作「賣」字。許駿齋校《說苑》曰：「『買』當為『賣』，字之壞也。《晏子》云云，《呂氏春秋·審分覽》高注云云。《續漢書·百官志三》注引《決錄注》曰：『懸牛頭，賣馬脯。』並其證。」〔註206〕趙萬里亦指出《說苑》「買」當依《晏子》作「賣」〔註207〕。

〔註204〕「賣」字吳則虞誤鈔作「賣」，茲據原書徑正。錢馥《小學盦遺文》卷3，收入《叢書集成續編》第92冊，上海書店1994年版，第722頁。

〔註205〕引者按：原文無「懸」字，劉氏以意補之。

〔註206〕許說轉引自劉文典《說苑斠補》，收入《劉文典全集（3）》，北京師範大學出版社、安徽大學出版社2013年版，第115頁。《續漢書·百官志》劉昭注，所引《決錄注》，當指晉摯虞撰《三輔決錄注》。

〔註207〕趙萬里《說苑斠補》，《國學論叢》第1卷第4期，1928年版，第164頁；又

（2）臣其祭祀不順，居處不敬乎（第 2 章）

按：張純一曰：「順，當作『慎』，形近而誤。」張說非是。「順」謂順於神，第 4 章「維以政與德而順乎神」，「順」字義同。

（3）故化其心，莫若教也（第 2 章）

按：張純一曰：「『教』上疑脫『身』字。《後漢書·第五倫傳》曰：『以身教者從。』」徐仁甫曰：「『教』上疑脫『身』字。『身』字承上『身不先行，民不能止』來。」二氏說是也，《說苑·政理》亦脫。《後漢紀》卷 11：「臣聞其身不正，雖令不從。是以從上之行，不從其言。故曰以身教者從。」

（4）公姑坐睡，而曏有五丈夫北面韋廬，稱無罪焉（第 3 章）

按：孫星衍曰：「韋廬，《說苑》作『倚廬』，《文選》注作『徙倚』。」蘇輿曰：「《文選》注見《上建平王書》，但彼作『倚徙』，《音義》誤倒。」黃以周說同蘇氏。張純一曰：「『倚徙』是。」于省吾曰：「《管子·法禁》『隱行辟倚』，注：『倚，依也。』是作『倚廬』義猶相仿。《文選》注作『倚徙』，蓋不解『韋廬』之義而改之也。『韋廬』即『依廬』，『韋』與『依』一音之轉，皆詣部字。《呂氏春秋·慎大》注：『鄪，讀如衣，今兗州人謂殷氏皆曰衣。』是鄪之讀衣，猶韋之讀依矣。」吳則虞曰：「南宋本《說苑》作『倖廬』，日本關嘉《晏子纂注》云：『《通雅》解此「倖廬」曰：唐人以撮口不快為都廬。此言倖倖都廬也。』長孫元齡云：『廬，寄也，寄寓之義。蓋景公出獵，宿葦廬，夢五丈夫也。韋廬，即行宮帳殿之類。』」《說苑·辨物》南宋本、元刻本、明鈔本（即四部叢刊本）、漢魏叢書本、子書百家本、龍谿精舍叢書本、四庫本都作「倖廬」。《通雅》說見卷 18，其說不可信。「倖」當是「偉」形訛。「廬」是「廬」省借。韋，讀為倚，一聲之轉。《白虎通義·喪服》：「所以必居倚廬何？孝子哀，不欲聞人之聲，又不欲居故處，居中門之外。倚木為廬，質反古也。」古者喪事，孝子於路門之外東壁倚木為廬，稱作「倚廬」。面，向也。北面韋廬，即北向於倚廬。

（5）昔者先君靈公畋，五丈夫罟而駭獸（第 3 章）

按：張純一校下句作「有五丈夫來駭獸」。吳則虞曰：「《文選》注作『有

五丈夫來駭獸」，《御覽》兩引作『五丈夫駭獸』。」《文選·上建平王書》李善注引作「有五丈夫來驚獸」，吳氏誤「驚」作「駭」。吳氏所稱《御覽》二引，見卷393、399，卷393作「五大夫駭獸」，「丈」誤作「大」。《御覽》卷364引作「有〔五〕大（丈）夫駭獸」。《說苑·辨物》同此文，諸書引無「罟而」二字，《冊府元龜》卷892同。「罟」是動詞，猶言設網、施網。

（6）公令人掘而求之（第3章）

按：孫星衍曰：「《御覽》作『掘其葬處求之』，下有『果如其言』，非。」宋本《御覽》卷399引無「果如其言」四字，嘉慶仿宋刻本、四庫本同，孫氏所據本誤。

（7）景公為路寢之臺，成，而不踊焉（第4章）

按：孫星衍曰：「踊，《說苑》作『通』，下同，言不到也。『踊』當是『誦』之誤。」王念孫曰：「案作『踊』者是也。《成二年公羊傳》『蕭同姪子踊于棓而闚客』，何注曰：『踊，上也。凡無高下有絕加躡板曰棓。』然則踊于棓即登于棓，故何訓踊為上也。此言『不踊』，亦謂臺成而公不登也。《說苑·辨物篇》作『通』者，非字之誤，即聲之通。孫以『不通』為『不到』，失之。」洪頤煊說同王氏，蘇輿、黃以周亦從王說。吳則虞曰：「以『踊』為『上』，蓋齊人之言。然『甬』為舞上之名，水上出謂之『涌』，是亦通訓。」王、洪、吳說俱是也，銀雀山漢簡本「踊」作「尚」，即「上」字，尤為明證。何休注指出「棓」是齊人語，孔廣森謂「謂登為踊，亦齊人語也」，並引此文為證〔註208〕。惠士奇謂「踊，上也，登也，齊人語」，亦引《公羊》為證〔註209〕。此皆早於吳說。《御覽》卷927引《說苑》作「通」，是《說苑》固作借字也，《御覽》卷177引作「適」，則是形誤字。《四庫全書考證》據《說苑》改作「通」〔註210〕，非是。

（8）景公病水（第6章）

按：吳則虞曰：「病水，宋本《御覽》卷343、743引均作『水病』，卷

〔註208〕孔廣森《公羊春秋經傳通義》卷7，收入《續修四庫全書》第129冊，上海古籍出版社2002年版，第119頁。
〔註209〕惠士奇《禮說》卷9，收入景印文淵閣《四庫全書》第101冊，臺灣商務印書館1986年初版，第559頁。
〔註210〕《四庫全書考證》卷37，收入景印文淵閣《四庫全書》第1498冊，第385頁。

398 及《意林》引作『病水』。」《御覽》卷 343 未引此文，吳氏失檢。《風俗通義·怰神》引作「病水」，《永樂大典》卷 20310 引作「水病」。

（9）職當撫瘍（第 7 章）

按：孫星衍曰：「《說文》：『瘍，頭創也。』非此義。又『痒，瘍也。』蓋『瘍』言『癢』。言按摩疴癢也。」張純一從其說。吳則虞曰：「孫說非。《周禮·天官·序官》注：『瘍，創癰也。』非言痒也。『撫』又通『瞴』，《說文》：『微視也。』」二氏各得其半，《說文》：「瞴，瞴婁，微視也。」「瞴婁」又作「瞴瞜」，音轉作「離婁」、「矖瞜」、「牟婁」〔註211〕，或倒作「瞜瞴」，微視之貌，不是動詞。且下文云「公曰：『熱乎？』曰：『熱。』『熱何如？』曰：『如火。』」其熱亦非微視所得知。「撫」字當從孫氏訓按摩，下文「晏子呼宰人具盬，饎者具巾，刷手溫之」者，正晏子按摩前的準備工作。「瘍」本訓頭創，引申之，凡創在身及四肢者都得謂之瘍，不必專屬之頭也。

（10）「其色何如？」曰：「如未熱李。」（第 7 章）

按：孫星衍曰：「《意林》作『色如日大，如未孰李』，誤。」吳則虞曰：「《御覽》引同。」熱，各本都作「熟」，《意林》卷 1、《御覽》卷 968 引同，吳則虞本誤也。

（11）晏子蹵然（第 8 章）

按：孫星衍曰：「蹵，《說苑》作『憱』，非。」張純一曰：「蹵然，不安貌。《御覽》卷 779 作『蹵然』。」宋本《御覽》卷 779 引仍作「蹵然」，張氏失檢。「晏子蹵然」凡三見，顧氏重刊本、明活字本、日本鈔本下二處皆作「蹵」字。《書鈔》卷 40 引《說苑》作「蹵」。「蹵」同「蹵」，「憱」是借字，非誤字。

（12）楚人為小門于大門之側而延晏子（第 9 章）

按：孫星衍曰：「為，《意林》作『作』。延，《御覽》作『迎』。」吳則虞曰：「《類聚》卷 94 引『為』作『作』。《事類賦》23、《御覽》卷 905 引作『楚人為門於大門側』，《類聚》卷 53、《初學記》卷 19、《御覽》卷 378、《群書

〔註211〕 參見桂馥《說文解字義證》，王筠《說文解字句讀》，並收入丁福保《說文解字詁林》，中華書局 1988 年版，第 3811 頁。

通要》卷 1、《事文類聚》後集卷 18 作『楚為小門』，《白帖》卷 24、《御覽》卷 466、779 作『楚人為小門』。《類聚》卷 25 與《晏子》同，惟『門』下無『之』字。《御覽》卷 378 亦作『迎』。」吳氏有誤校，茲於其誤者及失校者重校如下：宋本《御覽》卷 183、《永樂大典》卷 3000、3527 引同今本，《說苑・奉使》同。宋本《類聚》卷 94、《事類賦注》卷 23 引作「楚人為門于犬門側」，《御覽》卷 466 引作「楚人為小門于大門側」，《御覽》卷 378、《永樂大典》卷 2978 引作「楚人為小門」，《太平廣記》卷 245 引《啟顏錄》作「楚為小門於大門側」。「犬門」當作「大門」。孫氏謂《御覽》「延」作「迎」，非有他卷引如此，即卷 378，吳氏是復校，《永樂大典》卷 2978 引亦作「迎」。

（13）儐者更道從大門入（第 9 章）

按：吳則虞曰：「《說苑》無『道』字，《意林》作『遂大門入』，《御覽》卷 183 作『乃更通大門』。」《永樂大典》卷 3527 引同今本，又卷 3000 引作「儐者使從大門入」。「通」是「道」形訛，讀作導。《說苑》脫。

（14）張袂成陰，揮汗成雨（第 9 章）

按：孫星衍曰：「陰，《說苑》、《意林》、《類聚》、《御覽》皆作『帷』，據下云『成雨』，則此當為『陰』。」王念孫曰：「案『張袂成帷，揮汗成雨』，甚言其人之眾耳。『成帷』與『成雨』，其意本不相因。《齊策》云：『連袵成帷，舉袂成幕，揮汗成雨。』『成帷』、『成幕』與『成雨』意亦不相因也。今本作『成陰』，恐轉是後人以意改之。《說苑》、《意林》、《類聚》、《御覽》皆作『成帷』，則本作『帷』明矣。」張純一曰：「『成陰』較『成帷』義長。」王說是也，孫氏所引《類聚》見卷 25，《御覽》卷 378、466、779 凡三引，皆作「帷」。《事文類聚》別集卷 20、《合璧事類備要》續集卷 39、《永樂大典》卷 2978、3000 引亦作「帷」，《永樂大典》卷 3527 引誤作「陰」。

（15）嬰最不肖，故直使楚矣（第 9 章）

按：黃以周曰：「直，《御覽》作『宜』。」「《御覽》」當作「《說苑》」，黃氏誤記。吳則虞曰：「《說苑》『直』作『宜』。《類聚》無『最』、『直』字。《御覽》卷 378 作『以嬰為不肖，故使王耳』，卷 466 作『嬰不肖，故使耳』，卷 779 作『是故使王耳』，皆有異。《說苑》義較長。」吳氏所引《類聚》，見卷 25。《御覽》卷 779 引作「嬰不肖，是故使王耳」，吳氏所引不全。《太平廣

記》卷 245 引《啟顏錄》作「嬰不肖，故使王耳」，《永樂大典》卷 3527 引同
今本，卷 2978 引同《御覽》卷 378。王引之曰：「直，猶特也，專也。」裴
學海從其說。徐仁甫曰：「直，猶遂也。」〔註 212〕《說苑》作「宜」，猶當也，
亦通，字與「直」又形近易訛，姑存二說。張純一謂「『宜』字義長」，逕改
作「宜」，則專輒矣。

（16）謂左右曰：「晏嬰，齊之習辭者也，今方來，吾欲辱之，何以也？」
（第 10 章）

　　按：吳則虞曰：「《類聚》、《御覽》卷 966 引『辱』作『傷』。《書鈔》卷 40
『辱』作『病』。《說苑》作『晏子，賢人也，今方來，欲辱之，何以也』。《御
覽》卷 779 引『楚王知其賢智，欲辱之』，與《說苑》略合。」其校語同於張
純一。《類聚》、《御覽》引「辱」作「傷」者，當是「傷」形訛，或作「敭」，
又省作「易」，輕慢也，侮辱也。《說文》：「侮，傷也。」「傷」亦是「傷」形
訛〔註 213〕。《說文》「嫚」、「嫳」並訓為「侮易也」，即「侮傷」。下文云「寡
人反取病焉」，《說苑·奉使》作「吾欲傷子而反自中也」，「傷」亦是「傷」形
訛。

（17）楚王曰：「當去剖。」（第 11 章）

　　按：孫星衍曰：「《說苑》句上有『橘』字。」黃以周曰：「元刻與《說苑》
同。」吳則虞曰：「《說苑》、《御覽》卷 967、《合璧事類》引作『橘當去剖』，
《事類賦注》作『橘當剖』，《御覽》卷 779 引作『橘未剖』。」《御覽》卷 966
引作「橘當云剖」，吳氏「云」誤作「去」，又誤其卷號。《御覽》卷 779 引作
「橘去剖」，吳氏亦誤記（張純一誤同，又誤其卷號作卷 799）。《類聚》卷 86
引作「當剖之」，《記纂淵海》卷 92 引作「橘當去割」，《全芳備祖》後集卷 3
引作「橘當剖」。「云」是「去」形訛，「割」是「剖」形訛（王叔岷已及），今
本不誤。

（18）請浮晏子（第 12 章）

　　按：《說苑·臣術》同。孫星衍曰：「高誘注《淮南》：『浮，猶罰也。』」

〔註 212〕　王引之《經傳釋詞》卷 6，嶽麓書社 1984 年版，第 137 頁。徐仁甫《廣釋
　　　　　　詞》，四川人民出版社 1981 年版，第 279 頁。
〔註 213〕　《玄應音義》卷 1、25、《慧琳音義》卷 71 引《說文》正作「傷」字，《廣雅》
　　　　　　亦云：「侮，傷也。」

吳則虞曰：「見《道應訓》。浮、罰一聲之轉。」《文選·閒居賦》李善注引《廣雅》逸文：「浮，罰也。」王念孫曰：「《投壺》『若是者浮』，鄭注云：『浮，罰也。』《晏子春秋·雜篇》云云，『浮』、『罰』一聲之轉。《論語·公冶長篇》『乘桴浮于海』，馬融注云：『桴，編竹木，大者曰栰，小者曰桴。』栰之轉為桴，猶罰之轉為浮矣。」〔註214〕錢繹說同，當本王氏〔註215〕。此皆吳說所本。

（19）棧軫之車（第 12 章）

按：《說苑·臣術》同。孫星衍曰：「《考工記》『棧車欲弇』，鄭氏注：『士乘棧車。』《說文》：『棧，棚也，竹木之車曰棧。』《考工記》『車軫四尺』，鄭氏注：『軫，輿後橫木。』」劉師培曰：「《列子·力命篇》『稜車』，《釋文》云：『當作棧，《晏子春秋》及諸書皆作「棧車」。』《韓詩外傳》卷 10「稜車」作「柴車」。盧文弨、李貽德、章太炎謂「棧」與「柴」通，是也。「棧車」指不飾之車，即不革鞔不加漆的簡易之車〔註216〕，非此文之誼，劉氏引之不當。孫說亦非是。此文「棧」亦作「俴」，通「淺」。《詩·小戎》：「小戎俴收，五楘梁輈。」毛傳：「小戎，兵車也。俴，淺。收，軫也。」阮元曰：「輿下四面材謂之軫，軫謂之收……蓋軫所以收眾材者，故又謂之收。《詩·秦風·小戎》『俴收』，傳曰：『俴收，淺軫也。』《晏子春秋》曰：『棧軫之車而牝馬』，即《小戎》義也（又案：車後橫木曰任正，自漢以後冒軫之名，二物溷淆，詳辯『輈』解）。」孫詒讓引其說而未作判斷〔註217〕。軫即收，指車箱底部四面的橫木，不是車後橫木，戴震亦作此說〔註218〕。「棧軫之車」即「俴收之車」，與不飾之車謂之「棧（柴）車」不同。

（20）臣聞古之賢君，〔臣〕有受厚賜而不顧其國族，則過之（第 12 章）

按：孫星衍曰：「國，今本作『困』，據《說苑》改。」盧文弨曰：「案『困』

〔註214〕 王念孫《廣雅疏證》，收入徐復主編《廣雅詁林》，江蘇古籍出版社 1992 年版，第 446～447 頁。

〔註215〕 錢繹《方言箋疏》卷 9，上海古籍出版社 1984 年版，第 542 頁。

〔註216〕 參見蕭旭《韓詩外傳校補》。

〔註217〕 阮元《考工記車制圖解上》，收入《揅經室一集》卷 6，《續修四庫全書》第 1478 冊，上海古籍出版社 2002 年版，第 603～604 頁。阮氏解「輈」，見第 607～609 頁《考工記車制圖解下》。孫詒讓《周禮正義》卷 76，中華書局 1987 年版，第 3197 頁。

〔註218〕 戴震《考工記圖》，《戴震全書》第 5 冊，黃山書社 1995 年版，第 338、345 頁。

字似亦可通。」劉師培曰：「『困』當作『困』，猶圈族也。」張純一曰：「『困』字是，『國』乃『困』字之誤。孫據譌字改正字，非。下云『待臣而後舉火者數百家』，即『困族』也。」吳則虞曰：「『國』疑本作『邦』，漢人避諱改為『國』，後訛為『困』。邦族者，鄰里鄉黨之謂也。」顧氏重刊本、明活字本、四庫本、日本鈔本作「困」，浙刻本作「國」。《永樂大典》卷 12044 引《左傳》，雖誤其出處，而字則作「困」。張純一說是也，晏子謂士大夫受君祿，則以覆養三族，詳《內篇問下》校補，而非「國族」。《說苑·臣術》作「國」，當據此校正。

（21）田桓子見晏子獨立於牆陰，曰：「子何為獨立而不憂？何不求四鄉之學士可者而與坐？」（第 13 章）

按：《易·大過》象曰：「君子以獨立不懼，遯世無悶。」《老子》第 25 章「獨立而不改」，其「改」字，郭店簡作「亥」，北大簡作「㚷」，馬王堆帛書乙本作「絯」，並讀為侅。《說文》：「侅，苦也。」猶言愁苦、憂懼。

（22）且君子之難得也，若美山然（第 13 章）

按：孫星衍曰：「美，《類聚》作『華』。」吳則虞曰：「見《類聚》卷 7，又《御覽》卷 39、《記纂淵海》卷 65 引同。」蓋「美山」一本作「華山」，華亦美也。「華山」是泛指美山，即下文「名山」義。《類聚》卷 7、《御覽》卷 39 屬之《山部》西嶽華山，非是。張純一改作「華山」，謂晏子心儀華山，恐不可信。

（23）若部婁之未登（第 13 章）

按：孫星衍曰：「《說文》：『附婁，小土山也。《春秋傳》曰：「附婁無松柏。」』『部』與『附』聲相近。」〔註219〕蘇時學曰：「部婁，即培塿。」孫、蘇說皆是，字亦作「附塿」、「㟝嶁」。山曰培塿，餅曰䭅䭃，甖曰瓵甄，皆取圓形高起之義，其義一也。

（24）遠望無見也，俛就則傷嬰，惡能無獨立焉（第 13 章）

按：黃以周曰：「嬰，元刻作『要』。『要』古『腰』字，屬上為句。」吳則虞曰：「各本作『傷嬰』，吳本作『傷要』。」顧氏重刊本、明活字本、日本

〔註219〕「《春秋傳》曰」云云亦《說文》所引，吳則虞誤作孫氏語。

鈔本作「要」，浙刻本、四庫本、指海本作「嬰」。黃說「要古腰字」，張純一從之，非是。此字當作「嬰」，劉如瑛屬下句，是也。作「要」者，是「惡」形誤而衍，又脫「嬰」字。

（25）無客而飲，謂之從酒（第13章）

按：蘇時學曰：「從，猶『從獸無厭』之『從』。」張純一曰：「從，讀若縱。」「從」疑「徒」形譌，獨也。上下文「從酒」皆同。無客而飲，即獨自飲酒，故謂之「徒酒」。

（26）欒氏、高氏欲逐田氏、鮑氏（第14章）

按：蘇輿曰：「逐，舊刻誤『遂』，今從浙刻正。」各本都作「逐」，獨浙刻本誤作「遂」，蘇校慎矣，吳則虞照錄，而不知檢正。

（27）所以貧而不恨者，以善為師也（第17章）

按：黃以周曰：「元刻『善』作『若』。」張純一謂當作「若」，云：「以若為師，以貧為師也。」吳則虞曰：「《書鈔》亦作『善』。綿眇閣本、吳勉學本俱作『善』。」《書鈔》見卷48。顧氏重刊本、明活字本、日本鈔本作「若」，浙刻本、四庫本、指海本作「善」，《永樂大典》卷922引作「苦」。王念孫謂「若」是「善」形誤〔註220〕，是也，「苦」又「若」形誤。《內篇諫上》：「諸侯並立，能終善者為長；列士並學，能終善者為師。」《內篇問下》：「故諸侯並立，善而不怠者為長；列士並學，終善者為師。」

（28）夫十總之布，一豆之食（第18章）

按：孫星衍曰：「『總』即『稯』叚音字。《說文》：『布之八十縷為稯。』《說苑》作『升』。」孫說是也，王引之說同，並指出字亦作緵，布八十絲〔註221〕。《西京雜記》卷5鄒長倩《遺公孫賢良書》：「五絲為䌰，倍䌰為升，倍升為緎，倍緎為紀，倍紀為緵。」徐鼐從王說〔註222〕，張純一從孫說。經換算，八十絲為「緵」，與《說文》合。《說苑·臣術》作「八升之布」，「升」

〔註220〕王念孫《晏子春秋雜志》，收入《讀書雜志》卷8，中國書店1985年版，本卷第91、106、107頁。

〔註221〕王引之《經義述聞》卷5，江蘇古籍出版社1985，第121頁。王引之說又見王念孫《廣雅疏證》，收入徐復主編《廣雅詁林》，江蘇古籍出版社1992年版，第303頁。

〔註222〕徐鼐《讀書雜釋》卷3，中華書局1997年版，第29～30頁。

是十絲，「八升」即是「一緵」。疑《晏子》原文是「一總」，而不是「十總」。《內篇雜下》第 19 章：「晏子相齊，衣十升之布。」《國語・魯語上》：「子服之妾，衣不過七升之布。」是製一衣，用布七升、八升或十升，皆有之。《儀禮・喪服》：「冠六升，外畢（縪）。」鄭玄注：「布八十縷為升。」「八」當是衍文。《儀禮》賈公彥疏：「云布八十縷為升者，此無正文，師師相傳言之。是以今亦云八十縷謂之宗，宗即古之升也。」賈疏知「無正文」言八十縷為升，而不知「八」是衍文，漫以「師師相傳言之」說之。「八十縷謂之宗」者，「宗」即「緵」，與「升」不同。《國語・魯語上》韋昭注說同鄭氏，蓋即用其說，《廣韻》、《集韻》同。《周禮・春官・司服》賈公彥疏、《左傳・襄公十七年》孔穎達疏、《論語・子罕》邢昺疏皆從鄭說，亦不知有衍文，治《禮》諸家皆未及。段玉裁曰：「緵即升也，皆謂八十縷。」〔註 223〕朱駿聲曰：「總、升聲近。」二氏說非是。《史記・孝景本紀》：「令徒隸衣七緵布。」此文「七緵」當作「七升」。

（29）晏子相齊，衣十升之布，〔食〕脫粟之食，五卵、苔菜而已（第19 章）

按：孫星衍曰：「《周禮・醢人》『茆菹』，鄭氏注云：『卯（茆），水草。杜子春讀茆為卯。元（玄）謂：茆，鳧葵也。』〔註 224〕『苔』即『蓔』省字。《周禮》『箈菹』，鄭眾注：『箈，水中魚衣。』鄭氏注：『蓔，箭萌。』《說文》：『箈，水衣。蓔，竹萌也。』」洪頤煊曰：「五卵，謂鹽也。《禮記・內則》『桃諸梅諸卵鹽』，鄭注：『卵鹽，大鹽也。』《正義》以其鹽形似鳥卵，故云大鹽。卵鹽對散鹽言之，如今所謂顆鹽也。俗本改作『五卯』，非是。」蘇時學曰：「案『卵』字是也。孫本誤作『卯』，以『茆菹』為釋，殊牽強。」黃以周曰：「元刻作『五卵』，凌本同。」蘇輿曰：「卯，疑當從元刻作『卵』，水草無數可紀，似不得云『五』。」張純一謂當作「卵」，指雞卵。顧氏重刊本、明活字本、四庫本、日本鈔本作「五卵」，是也。《內篇雜下》第 26 章：「晏子相景公，食脫粟之食，炙三弋、五卵、苔菜耳矣。」此文「五卵」上亦當據補「炙」字。然「卵」不指鹽，洪說非是。「五卵」當指雞鴨等五種蛋（另詳下

〔註 223〕段玉裁《說文解字注》「姚」字注，上海古籍出版社 1981 年版，第 648 頁。
　　　　　 朱駿聲《說文通訓定聲》，武漢市古籍書店 1983 年版，第 71 頁。
〔註 224〕孫星衍引「茆」誤作「卯」，「玄」作避諱字「元」，吳則虞不知校正，又引鄭注標點也誤，茲徑改正。

文校補）。古人田獵以時，非時不取，故云「三弋、五卯」，具體所指則不可考。苔菜，孫星衍說是「水衣」，恐非，另詳下文校補。

（30）**趣齊搏以求升土，不得容足而寓焉**（第 19 章）

按：孫星衍曰：「『趣』當為『趨』，言皆至齊爭地也。」黃以周曰：「搏，元刻作『搏』。」吳則虞曰：「綿眇閣本作『搏』。」顧氏重刊本作「搏」，明活字本、日本鈔本作「搏」，浙刻本、指海本、四庫本作「搏」。疑作「搏」是。「升」是量詞，疑字誤。

（31）**景公欲更晏子之宅，曰：「子之宅近市湫隘，囂塵不可以居，請更諸爽塏者。」**（第 21 章）

按：《左傳‧昭公三年》同，當讀作「子之宅近市，湫隘囂塵，不可以居」（張純一正如此）。更，移徙。《韓子‧難二》：「景公遇晏子曰：『子宮小近市，請徙子家豫章之圃。』」《說文》：「湫，隘下也。」

（32）**且諺曰：「非宅是卜，維鄰是卜。」**（第 22 章）

按：吳則虞曰：「『且』為『曰』字之訛。『曰』者，晏子之言也。《左傳》作『且諺曰』，《初學記‧居處部》、《御覽‧州郡部三》引《左傳》『且』作『曰』，《白帖》引《晏子》亦只一『曰』字。」吳說實本於王念孫〔註225〕。竹添光鴻說同王氏，又補充指出卷子本《左傳》（即金澤文庫本）作「曰」〔註226〕。俞樾則認為是「敘論並行例」，「且」上省「曰」字〔註227〕。

（33）**寡人欲朝夕見**（第 23 章）

按：孫星衍曰：「《類聚》作『相見』。」黃以周曰：「元刻作『朝昔』，『昔』、『夕』聲義俱近。」吳則虞曰：「《御覽》卷 175 引作『欲朝夕相見』。」顧氏重刊本、明活字本、日本鈔本作「朝昔」。《御覽》卷 174 引此文，吳氏誤記卷號。

（34）**臣聞之，隱而顯，近而結，維至賢耳**（第 23 章）

按：孫星衍曰：「隱居而顯其名，親近而結于君。」文廷式曰：「『結』當

〔註225〕王念孫說轉引自王引之《經義述聞》卷 19，江蘇古籍出版社 1985，第 450 頁。
〔註226〕竹添光鴻《左氏會箋》，巴蜀書社 2008 年版，第 1666 頁。
〔註227〕俞樾《古書疑義舉例》卷 3，收入《古書疑義舉例五種》，中華書局 1956 年版，第 62 頁。

為『遠』，字之誤也。『顯』、『遠』為韻。近而遠，言雖近而不暱。孫淵如云『親近而結於君』，失之。」劉師培曰：「隱、近對文，猶之進退也。顯、結亦對文，《廣雅》云：『結，詘也。』《禮記·曲禮上》『德車結旌』，鄭注云：『收斂之也。』是『結』有斂義。此語之旨，謂退能不失其顯名，進能自處於斂抑。《音義》以『結』為結君，誤甚。」張純一曰：「近而結，言至性感孚無間，如《老子》所謂『善結無繩約而不可解』是。」《類聚》卷64、《御覽》卷174引仍作「結」，又引「維」作「唯」。「結」字不誤，文廷式說非，張說尤牽附。此文「隱」與「顯」對文，非「隱」與「近」對文，劉氏未得。結，疑讀為劫。《說文》：「劫，慎也。」字亦作詰，《周禮·大司寇》鄭玄注：「劫，謹也。」言唯至賢之人能隱而顯名，近而謹慎也。

（35）晏子朝，乘弊車，駕駑馬（第25章）

按：蘇輿曰：「《治要》無『駕』字。」錢熙祚曰：「『車』下原有『駕』字，依《治要》刪，與標題合。」刪「駕」字非是，《說苑·臣術》亦有「駕」。《內篇雜下》第12章「棧軫之車，而駕駑馬以朝」，亦其證。

（36）晏子對曰：「賴君之賜，得以壽三族，及國遊士，皆得生焉。」（第25章）

按：《說苑·臣術》同。俞樾曰：「案《國語·楚語》『臣能自壽也』，韋注曰：『壽，保也。』然則壽三族者，言保三族也。《說文》：『壔，保也。』」張純一、潘重規、王淑玫從俞說〔註228〕。俞氏後又申其說云：「余著《諸子平議》，解《晏子春秋》『賴君之賜，得以壽三族』，謂壽為保之叚字，而薛書載《叔液鼎》、《魯正叔䣅》並云『永壽用之』，則固已叚壽為保。」〔註229〕蘇時學曰：「古者以金遺人謂之壽。」于省吾曰：「按壽讀燾，訓覆，於義亦通。本篇第十八『以君之賜，澤覆三族』，此云『賴君之賜，得以燾三族』，是燾即覆也。」吳則虞曰：「（壽）即醻也。」于省吾說是，俞說亦通，蘇、吳說必誤。字亦作幬，《左傳·襄公二十九年》：「如天之無不幬也，如地之無不載也。」杜預注：「幬，覆也。」《史記·吳太伯世家》作「燾」，《集解》

〔註228〕潘重規《讀王先謙〈荀子集解〉札記》，《制言》第12期，1936年版，本文第16頁。

〔註229〕俞樾《吳平齋兩罍軒彝器圖釋序》，收入《春在堂雜文》續編卷2；其說又見《春在堂隨筆》卷1，光緒二十五年刻春在堂全書本。

引賈逵曰：「燾，覆也。」但俞說所引金文「永壽用之」之「壽」不訓保，「永壽」猶言長壽、永久。《說文》：「壽，久也。」

（37）晏子相景公，食脫粟之食（第26章）

按：孫星衍曰：「《初學記》、《後漢書》注下『食』作『飯』。」《初學記》見卷26，《後漢書》見《章帝紀》李賢注引。劉師培曰：「下『食』當作『飯』，《書鈔》卷143、144並引作『飯』。《御覽》卷849、867兩引作『飲』，『飲』即『飯』訛。《史記·平津侯傳》云『食一肉脫粟之飯』，是其證。」吳則虞曰：「劉說是也。《白帖》卷28、《御覽》卷850皆作『飯』。」宋本《御覽》卷849、867二引均作「飯」，劉氏所據為誤本（張純一誤同）。《茶經》卷下、《雲谷雜紀》卷2、《事文類聚》續集卷16引下「食」亦作「飯」。《書鈔》卷143二引，一作「食」，一作「飯」。作「食」亦通，上文第19章亦有「脫粟之食」語。

（38）炙三弋、五卵、苔菜耳矣（第26章）

按：孫星衍曰：「《詩》傳：『弋，射。』《說文》作『隿』，『繳射飛鳥也』。言炙食三禽。」盧文弨曰：「『弋』見《夏小正》，傳：『弋也者，禽也。』『卵』前作『卵』。疑『卵』是，即雞子也。」洪頤煊曰：「五卵，謂鹽也。《內則》『卵鹽』，鄭注：『大鹽也。』苔，一作『茗』。」孫頤谷曰：「張淏《雲谷雜記》引此作『食脫粟之飯，炙三弋，五卵、茗菜而已』，以為飲茶之始，《御覽》茗事中亦載此文，則知『苔』字誤。」孫詒讓曰：「《夏小正》云：『十二月鳴弋。』金履祥、孔廣森並謂即『鳶』之壞字，則固不中膳羞。《禮》經說庶羞，亦未聞有『炙弋』，且炙弋必以三為數，又何義乎？盧說殆不可通。竊疑此『弋』當為『樴』。臒，猶脡也。炙脯同為肉物，亦得以樴計數，固其宜矣。苔菜，陸羽《茶經》引亦作『茗菜』，此唐本已作『茗』之確證；然周時必無茗飲，竊意『苔』字未必誤也。」方向東曰：「此『弋』即『翼』之通假字。『翼』為雞翅、鴨翅之類，『卵』為雞蛋、鴨蛋之類，故言飲食菲薄。」〔註230〕徐友蘭曰：「孫氏讀茆菹之茆，謬矣。『五』蓋『韭』譌。」五卵，各本同，《書鈔》卷143二引同（張純一已及），浙刻本誤作「五卯」，《茶經》卷下、《御覽》卷849、867、《雲谷雜紀》卷2引誤同；《說郛》卷93引《茶

〔註230〕方向東《札迻商榷·晏子春秋》，收入《孫詒讓訓詁研究》，中華書局2007年版，第119頁。

經》不誤。「卵」指禽之蛋，盧說是也。苔菜，《茶經》卷下、《御覽》卷 867
《茗》、《雲谷雜紀》卷 2 引作「茗菜」，《御覽》卷 849 引脫作「菜」。茗非
菜類，「茗」當是「苔」形訛，《茶經》、《御覽》誤也。《證類本草》卷 30 引
蘇頌《本草圖經》：「紫菫味酸，微溫，無毒，元生江南吳興郡，淮南名楚葵，
宜春郡名蜀菫，豫章郡名苔菜，晉陵郡名水萄菜。」

（39）公曰：「嘻！夫子之家如此其貧乎！」（第 26 章）

　　按：吳則虞曰：「《御覽》卷 849 引『嘻』作『噎』，『其』作『甚』。」宋
本《御覽》卷 849 引「嘻」作「噎」，吳氏失檢。「甚」是「其」形誤，猶之也。

（40）晏子對曰「以世之不足也，免粟之食飽，士之一乞也；炙三弋，
　　　　士之二乞也；五卵，士之三乞也。」（第 26 章）

　　按：洪頤煊曰：「三『乞』字皆當作『气』。《說文》『氣』作『气』，『餼』
作『氣』。此復借『气』為『餼』，故下云『有參士之食』。」蘇時學曰：「『乞』
疑與『吃』通，三乞，蓋猶三餐果腹之意，作如字解亦可。」俞樾曰：「案
『乞』當作『既』，小食也。士之一乞，猶云士之一食。」張純一曰：「乞，
《御覽》卷 849 誤作『足』。」吳則虞曰：「《御覽》卷 849 引三『乞』字皆
作『足』，蓋草書形近而訛，『足』字義自顯明，不煩辭費矣，當據改。」劉
如瑛曰：「乞，求也。」《御覽》卷 849 引「五卯（卵）」上有「菜」字，據
上文，「五卯（卵）」上脫「苔菜」二字。吳則虞說誤，章太炎本俞說，云：
「《說文》：『既，小食也。』……或作『㮣』、作『餼』。然則在物曰氣，啗之
曰既。唐人言喫飯，今人言吃飯。《晏子》云云，彼『乞』即今所謂吃飯，
皆借為既。」〔註 231〕

（41）桓公義高諸侯，德備百姓（第 28 章）

　　按：備，讀為服。張純一解作「德備施于百姓」，《漢語大詞典》釋作「周
遍、周至」，皆非是。

（42）牛馬不可窮，窮不可服（第 30 章）

　　按：服，讀作犕。

〔註 231〕章太炎《新方言》卷 2，收入《章太炎全集（7）》，上海人民出版社 1999 年
　　　　版，第 81 頁。

（43）士不可窮，窮不可任（第 30 章）

按：《白氏六帖事類集》卷 3 引作「事不可窮，窮不可壯」，「事」是「士」音誤，「壯」是「任」形誤。

《外篇》第七校補

（1）公曰：「寡人不敏無良，左右淫蠱寡人，以至於此，請殺之。」（第 1 章）

按：孫星衍曰：「《韓詩外傳》、《新序》『蠱』作『涵』。」吳則虞曰：「《外傳》『敏』作『仁』，《新序》無此二字。」仁，讀為佞〔註232〕。當「無良左右」連文，張純一正如此讀。《韓詩外傳》卷 9：「景公謝曰：『寡人不仁，無良左右淫涵寡人以至於此。』」又卷 6：「寡人無良邊陲之臣以干大褐（天禍），使大國之君沛焉遠辱至此。」清華簡（七）《越公其事》有「亡（無）良僕馭（禦）」語，又有「亡（無）良鄒（邊）人」語，皆同。

（2）景公置酒于泰山之陽（第 2 章）

按：王念孫曰：「案『陽』本作『上』，孫改為『陽』，非也。山南為陽，山北為陰。《管子・小匡篇》曰『齊地南至于岱陰』，則景公不得置酒于泰山之陽。《御覽・人事部百三十二》引作『泰山之陽』，乃後人以意改之。元刻本、沈本及《御覽・人事部三十二》皆作『泰山之上』。」吳則虞曰：「《類聚》卷 19 引作『置酒泰山』，指海本作『之上』。」《御覽・人事部百三十二》即《御覽》卷 491，引作「太山之陽」，王氏引稍失之。王說是也，顧氏重刊本、明活字本、日本鈔本作「之上」，獨浙刻本誤同孫本作「之陽」。

（3）左右佐哀而泣者三人（第 2 章）

按：吳則虞曰：「《類聚》、《御覽》卷 391、491 兩引皆無『佐哀』二字。」二書三引皆無「佐哀而」三字，張純一校不誤。

（4）公怫然怒曰（第 2 章）

按：孫星衍曰：「《說文》：『怫，鬱也。』《玉篇》：『意不舒怡（今本作『治』，非）也。』」張純一曰：「《類聚》及《御覽》兩引，並無『怫然』二字。」吳則虞校同。孫說非是。怫，讀作艴。《說文》：「艴，色艴如也。《論

〔註232〕 參見蕭旭《韓詩外傳校補》引諸家說。

語》曰：『色艴如也。』」音轉亦作艴、孛、悖、勃，今《論語·鄉黨》作「勃」。又借「沸」為之，尹灣漢簡《神烏傳》：「亡烏沸然而大怒。」虞萬里曰：「沸然，猶怫然、艴然。」〔註233〕

（5）物有必至，事有常然，古之道也（第2章）

按：張純一曰：「《文選·藉田賦》注引此文同，《文選·秋興賦》注引『常』作『當』。」《文選·秋興賦》宋淳熙本作「當」，六臣本仍作「常」。《戰國策·齊策四》譚拾子曰：「事有必至，理有固然。」《史記·孟嘗君列傳》：「夫物有必至，事有固然。」《風俗通義·窮通》譚子曰：「此物之必至，而理之固然也。」《文選·雜詩》李善注引《魯連子》：「譚子曰：物之必至，理固然也。」〔註234〕《潛夫論·交際》：「勢有常趣，理有固然。」常，讀為當。「當然」即「固然」。

（6）誅僇如仇讎（第2章）

按：張純一曰：「《御覽》卷875引『僇』作『戮』。」吳則虞曰：「《元龜》『誅僇』作『糾繆』，無『如』字。」《元龜》誤。《開元占經》卷88引亦作「誅戮」。

（7）君居處無節，衣服無度（第3章）

按：蘇輿曰：「居，舊刻誤『君』，今從浙刻正。」顧氏重刊本、明活字本、指海本、日本鈔本都作「居」不誤。

（8）進退無辭，則虛以成媚（第7章）

按：孫星衍曰：「一本同《左傳》『成』作『求』。」黃以周曰：「元刻作『求媚』，凌本同。」吳則虞曰：「吳勉學本作『成』。」浙刻本作「成」，顧氏重刊本、指海本、日本鈔本作「求」。作「成」蓋後人妄改。

（9）若有德之君，外內不廢，上下無怨，動無違事（第7章）

按：下文云「其適遇淫君，外內頗邪，上下怨疾，動作辟違」，與此對舉。違，讀為蔑，邪也，下文「以成其違」亦同。「辟違」是同義連文。張純一曰：

〔註233〕虞萬里《尹灣漢簡〈神烏傳〉箋釋》，《訓詁論叢》第3輯，文史哲出版社1997年版，第842頁。
〔註234〕《類聚》卷65引同，《文選·女史箴》注引「然」下有「者」字。

「動無違事，動合人天。」楊伯峻曰：「違事，違禮之事。」〔註235〕二氏讀「違」如字，俱誤。「不廢」與「頗邪」對舉，「廢」當亦是頗邪義，疑讀為癹，《說文》：「癹，足剌癹也，讀若撥。」經傳多借「撥」字為之，傾邪、乖戾、枉曲不正之義〔註236〕。杜預注：「外內不廢，無廢事。」張純一從其說，讀「廢」如字，亦未得。

（10）澤之萑蒲，舟鮫守之（第7章）

按：孫星衍曰：「《說文》：『蔽，禁苑也。』引《春秋傳》曰『澤之目蔽』。」黃以周曰：「『萑』當作『藋』，元刻作『藋』。《說文》：『藋，藋爵似鴻雁而大。萑，老兔似鴟鵂而小。藋，薍之已秀者也。』萑從隹從屮（艸），藋從艸萑聲。」《說文》字頭作「蔽」，所引《春秋傳》，一本「目」作「自」。《說文》又云：「叙，蔽或作叙。」段玉裁曰：「『自』當作『舟』。《昭二十年左傳》曰：『澤之萑蒲，舟鮫守之。』『鮫』當是『叙』誤。許所據竟作『舟蔽』耳。《魯語》有『舟虞』，同也。」柳榮宗、莊述祖、陳鱣、皮錫瑞、陳詩庭亦並謂「舟鮫」當作「舟叙（蔽）」〔註237〕，王紹蘭從段說〔註238〕，郝懿行、宋翔鳳、沈欽韓、洪亮吉、孫詒讓從莊說〔註239〕。《白氏六帖事類集》卷2引《左傳》作「舟蛟」，尤誤。萑，顧氏重刊本、明活字本、日本鈔本作「藋」，日鈔本《治要》卷6、《類聚》卷82引《左傳》同（《治要》旁改作「萑」），《風俗通義・山澤》引《左傳》作「莞」。黃以周說是也，正字當

〔註235〕楊伯峻《春秋左傳注》，中華書局1990年版，第1417頁。
〔註236〕例證參見《故訓匯纂》，商務印書館2003年版，第937頁。
〔註237〕段玉裁《說文解字注》，上海古籍出版社1981年版，第198頁。莊述祖《五經小學述》卷1，柳榮宗《說文引經考異》卷15，陳鱣《簡莊疏記》卷11，陳詩庭說轉引自喬松年《蘿藦亭札記》卷2，分別收入《續修四庫全書》第173、223、1157、1159冊，上海古籍出版社2002年版，第204、254、258、94頁。皮錫瑞《左傳淺說》卷下，收入《四庫未收書輯刊》第8輯第2冊，北京出版社1997年影印，第41頁。
〔註238〕王紹蘭《王氏經說》卷5，收入《續修四庫全書》第173冊，第522頁。
〔註239〕郝懿行《證俗文》卷16、《爾雅義疏》卷上之二、《曬書堂文集》卷7《古〈左傳〉考》，分別收入《郝懿行集》，第2559、3013、5336頁。《證俗文》注明是引莊說，後二篇未作引用。宋翔鳳《過庭錄》卷9，中華書局1986年版，第162頁。沈欽韓《春秋左氏傳補注》卷10，收入《續修四庫全書》第125冊，第129頁補寫於天頭。洪亮吉《春秋左傳詁》卷17，中華書局1987年版，第744頁。孫詒讓《周禮正義》卷1、17，中華書局1987年版，第30、676頁。

作「萑」，俗作「萑」。「萑」形近而誤作「藿」、「雚」，「藿」又以同音誤作「莞」〔註240〕。

（11）承嗣大夫，彊易其賄（第 7 章）

按：蘇輿曰：「彊，舊刻誤『疆』，今從浙刻正。」顧氏重刊本、明活字本、四庫本、指海本、日本鈔本都作「彊」，不誤。

（12）私欲養求，不給則應（第 7 章）

按：于省吾曰：「按『應』字不詞，『應』宜讀作膺。上云『私欲養求』，養，長也，故此云不給則膺懲之也。」于說自杜預注化出，其說非是。黃生曰：「養謂口體之奉，求謂玩好之類，皆私欲也。給、應皆供也，急曰給，緩曰應。此言寵妾、寵臣私取於民者，緩急皆不能免於供。杜注『所求不給，則應之以罪』，非也。」〔註241〕

（13）使有司寬政（第 7 章）

按：蘇輿曰：「舊刻『司寬』誤倒，今從浙刻乙。」顧氏重刊本、明活字本、指海本、日本鈔本都作「有司寬政」，不誤。

（14）晏子對曰：「此餧而死。」（第 8 章）

按：蘇時學曰：「『餧』與『餒』同。」《說苑・至公》亦作「餧」，《御覽》卷 841、《永樂大典》卷 11001 引《說苑》作「餒」。餧、餒，正、俗字。

（15）君之營內自樂，延及後宮之族（第 8 章）

按：《說苑・至公》同，《御覽》卷 548、《永樂大典》卷 11001 引《說苑》「營」形誤作「宮」。（16）惠不徧加於百姓，公心不周乎萬國（第 8 章）

按：吳則虞曰：「《說苑》無『萬』字。」今本《說苑・至公》脫「萬」字，《御覽》卷 841 引《說苑》作「萬國」，《永樂大典》卷 11001 引《說苑》已脫。

（16）景公登箐室而望（第 9 章）

按：孫星衍曰：「《說文》無『箐』字。《玉篇》：『箐，棺車上覆也，士見切。』蓋即『綪』字異文。《類聚》作『青堂』，是。」《玉篇》「箐」音「七

〔註240〕 參見蕭旭《韓詩外傳解詁》，《文史》2017 年第 4 輯，2017 年出版，第 22 頁。
〔註241〕 黃生《義府》卷上，《字詁義府合按》，中華書局 1954 年版，第 163 頁。

見切」，孫氏誤「七」作「士」，吳則虞照錄而不知改正。《玉篇》之「箐」即「輺」字，《玉篇殘卷》：「輺，《禮記》：『諸侯而死于館，其輺有裧。』鄭玄曰：『載柩將殯之車飾也。輺取名于櫬與蒨。櫬，棺也。蒨，染赤色者也。象宮室，其中小帳親（襯）覆棺者也。』又曰：『大夫以布為輺，士輺箐（葦）席。』鄭玄曰：『布，白布也，言輺者達名也。』《埤蒼》為『箐（箐）』字，在《竹部》；或為『裙』字，在《衣部》。」P.2011 王仁昫《刊謬補缺切韻》：「輺，載柩車，亦作箐。」景公無登輺室之理，孫氏引《玉篇》不當，《類聚》卷 89 作「青堂」，蓋臆改。疑當作「清臺」，即「靈臺」，可以奉郊祀、觀天象。「室」是「臺」形訛〔註242〕。《御覽》卷 534 引《禮統》：「所以制靈臺何？以尊天重民，備災禦害，豫防未然也。夫王者，當承順天地，節禦陰陽也。夏所以為清臺何？明明相承，太平相續，故為清臺。殷為神臺、周為靈臺何？質者據天而王，天者稱神；文者據地而王，地者稱靈，是其異也。」《亢倉子·訓道》：「齊太子坐清臺之上。」此齊之清臺。《御覽》卷 146 引《韓詩外傳》：「（趙）簡子坐清臺之上。」《文選·古詩十九首》李善注、《御覽》卷 606 引作「青臺」，此趙之清臺。

（17）見人有斷雍門之櫺者（第9章）

按：吳則虞曰：「《類聚》作『見斷櫺淮門者』。」「淮」是「雍」形訛。

（18）大帶重半鈞（第9章）

按：蘇輿曰：「鈞，舊刻誤『釣』，今從浙刻改。」顧氏重刊本、明活字本、指海本、日本鈔本都作「鈞」，不誤。

（19）今歲凶饑，蒿種芘斂不半（第10章）

按：孫星衍曰：「芘，《說文》：『艸覆蔓。』」張純一曰：「蒿，艾類。芘，池沼生草，可為蔬者。言今歲凶，不惟苿粟無收，即蒿芘之屬，亦斂不及半。」吳則虞曰：「孫說非是。『芘斂』並文，當從《廣雅》訓為取。芘斂不半，猶言收斂未半也。」如吳說，本字是「覛」（《說文》：「覛，擇也。」），然吳說不洽。「芘」疑「摰」形誤，「摰斂」指果實收縮成熟。《禮記·鄉飲酒義》：「秋之為言愁也。」鄭玄注：「愁，讀為摰，摰斂也。」也作「鞻斂」，《漢書·律歷志》：「秋，鞻也。物鞻斂乃成孰。」蒿，讀為薅、莢，薅草。《說

文》：「薅，拔去田艸也，或從休。」字或作茠、㧱，《廣韻》：「薅，除田草也。茠、㧱，並上同。」《說苑・政理》：「田畝荒穢而不休。」盧文弨曰：「『休』當作『茠』，與『薅』同，除草也。」朱駿聲說同〔註243〕。《集韻》：「薅，或作茠、㧱，鎒、蒿。」「蒿」同「蒿」也。言歲凶，薅種之農作物沒有一半成熟。

（20）則所以羅百姓之死命者澤矣（第10章）

按：張純一曰：「民命之將死者，被其膏澤而生矣。」吳則虞曰：「『澤』疑『羃』之假借，《說文》：『引給也。』段玉裁云：『引之使長。』死命者羃矣，謂延其命也。」段氏原話是「引繒而長之」，非此文之誼。澤，讀為託，寄託也。言百姓之死命寄託之也。

（21）家貧，身老，子孺（第11章）

按：盧文弨曰：「孺，小弱也。疑與『孺』同。《玉篇》音矩，孤也。」洪頤煊曰：「《玉篇》：『孺，孤也。』『孺』即『孺』字之俗。《莊子・大宗師篇》『而色若孺子』，《釋文》：『孺，弱子也。』『孺』、『孺』字形相近。」黃以周從洪說，張純一從盧、洪說。劉師培曰：「《元龜》引作『子孺』。」諸說皆誤，「孺」非「孺」字。胡吉宣謂「孺」同「踽」〔註244〕，是也，孤獨無依也。《說文》：「踽，疏行兒。《詩》曰：『獨行踽踽。』」《詩》見《杕杜》，毛傳：「踽踽，無所親也。」

（22）因問偏柎何所在（第11章）

按：孫星衍曰：「《左傳・昭二十五年》：『楄柎所以藉幹者。』《說文》：『楄部，方木也。』引《春秋傳》曰：『楄部薦幹。』此作『柎』，與『部』聲相近。」盧文弨曰：「此不必與《左傳》之『楄柎』同。『偏』謂偏親，『柎』即上文所云『柎樞』。公因其有恐不能合祔之語，故使問其偏親之樞何所在，語意自明。」黃以周云：「元刻作『偏祔』。」顧氏重刊本、明活字本、四庫本、日本鈔本作「偏祔」，浙刻本、指海本作「偏柎」。孫星衍說是，桂馥說同〔註245〕。「偏柎」即「楄柎」，音轉作「楄部」，本訓方木，特指棺中薦藉

〔註243〕盧文弨《群書拾補》，朱駿聲《說苑校評》，並轉引自左松超《說苑集證》，（臺）國立編譯館2001年版，第438頁。
〔註244〕胡吉宣《玉篇校釋》，上海古籍出版社1989年版，第5821頁。
〔註245〕桂馥《說文解字義證》，齊魯書社1987年版，第517頁。

尸體的方木。《集韻》：「柎，楄柎，藉尸木。」又「柎，楄柎，棺中方木。」

（23）布脣枯舌（第11章）

按：于鬯曰：「『布』蓋讀為膊。『膊』以乾肉為本義，引伸之，蓋凡乾皆可曰『膊』。膊脣者，謂乾脣也。或云：讀為『㑑』或『䐸』。《說文》：『㑑，噍貌。䐸，噍堅也。』義亦近，並備參。」王淑玫從于說讀作膊。章太炎曰：「古字布、搏通，搏又通作脯，又通作膊。『布脣』即『脯脣』、『膊脣』，謂乾燥其脣，與『枯舌』同誼。《淮南子‧修務訓》：『苦身勞形，焦心怖肝。』『怖』與『布』同，亦謂乾也。乾、焦意相近。高注以『怖』為戒懼，失之。」劉如瑛曰：「『布脣』無義，當為『敝脣』，音近而誤。」于氏前說及章太炎說是也。《家語‧屈節解》、《吳越春秋‧夫差內傳》「焦脣乾舌」，《靈樞經‧刺節真邪》「舌焦脣槁」，是其誼。

（24）盆成适蹷然曰（第11章）

按：孫星衍曰：「《說文》：『蹷，跳也。跳，躍也。』」劉師培曰：「《元龜》引作『憋然』。」劉如瑛曰：「蹷然，驚起貌。」憋，讀為蹩（躄）。蹩然，不安兒。《元龜》卷242所見本《晏子》當是「蹩」字，義長。

（25）晏子對曰：「嬰聞之，忠不避危，愛無惡言。」（第11章）

按：《內篇諫下》晏子諫曰：「臣聞忠不避死，諫不違罪。」言忠臣不避危難死亡而直諫也。《管子‧小匡》管仲曰：「犯君顏色，進諫必忠，不辟死亡，不撓富貴，臣不如東郭牙，請立以為大諫之官。」[註246]《戰國策‧趙策一》豫讓曰：「臣聞明主不掩人之義，忠臣不愛死以成名。」又《趙策二》：「趙造諫曰：『臣雖愚，願盡其忠，無遁其死。』王曰：『竭意不諱，忠也；上無蔽言，明也。忠不辟危，明不距人，子其言乎！』」《史記‧李斯列傳》：「夫忠臣不避死而庶幾。」《吳越春秋‧夫差內傳》公孫聖曰：「臣不言，身名全，言之必死百段于王前，然忠臣不顧其軀。」

（26）今君營處為游觀（第11章）

按：營，《冊府元龜》卷242誤作「宮」。

（27）肆心傲聽（第11章）

〔註246〕《呂氏春秋‧勿躬》、《新序‧雜事四》略同。

按：張純一曰：「恣肆倨傲，不聽正諫。」傲，不聽也。分別字亦作聱，《說文》：「聱，不省人言也。」〔註247〕P.2011 王仁昫《刊謬補缺切韻》：「聱，不省語。」《詩·板》：「我即爾謀，聽我囂囂。」毛傳：「囂囂，猶聱聱也。」鄭玄箋：「女反聽我言聱聱然不肯受。」《楚辭·九思·怨上》：「令尹兮聱聱。」王逸注：「聱聱，不聽話言而妄語也。」俗字作聲，《玉篇》：「聲，《廣雅》云：『不入人語也。』《埤蒼》云：『不聽也。』」《集韻》「聲」字條引《廣雅》同，《文選·吳都賦》李善注引《埤蒼》亦同。P.2011 王仁昫《刊謬補缺切韻》：「聲，不聽。」

（28）公喟然太息曰（第 11 章）

按：喟，《冊府元龜》卷 242 作「嘳」（四庫本誤作「嘖」），字同。

（29）迺使男子袒免，女子髮笄者以百數，為開凶門（第 11 章）

按：盧文弨曰：「『髮』疑『髽』。」黃以周從盧說。劉師培曰：「《元龜》引『髮』作『鬏』，『鬏』即『髽』字之訛。」二氏說是，四庫本《元龜》正作「髽」，周勳初等失校〔註248〕。《儀禮·喪服》言女子喪服「布總箭笄髽，衰三年」。張純一據盧說改作「髽」，並有申說，是也，但刪「笄」字則誤。

（30）适脫衰絰，冠條纓，墨緣，以見乎公（第 11 章）

按：孫星衍曰：「『條』當為『絛』，《說文》：『扁緒也。』《玉篇》：『纓飾也。』」條讀作絛，不煩改字。桂馥曰：「絛，通作『條』。《周禮·巾車》『革路龍勒，條纓五就』，注云：『條，讀為絛。其樊及纓，以絛絲飾之。』《晏子春秋》云云。」〔註249〕

（31）晏子起舞曰：「歲已暮矣，而禾不穫，忽忽矣若之何！歲已寒矣，而役不罷，惙惙矣如之何！」（第 12 章）

按：孫星衍曰：「惙惙，《爾雅·釋訓》：『憂也。』」蘇輿曰：「『忽忽』與下『惙惙』同，當訓憂。非如《禮器》、《祭義》注訓為『勉勉』者比，此與

〔註247〕釋文原作「不肖人也」，從段玉裁校。段玉裁《說文解字注》，上海古籍出版社 1981 年版，第 96 頁。

〔註248〕《冊府元龜（校訂本）》（周勳初等校訂），鳳凰出版社 2006 年版，第 2705 頁。

〔註249〕桂馥《說文解字義證》，齊魯書社 1987 年版，第 1135 頁。

《史記・梁孝王世家》云『意忽忽不樂』義同。又《大戴禮》『君子終身守此勿勿』，彼與上『悒悒』、『憚憚』，下『戰戰』俱當訓為憂懼，猶斯意也。『忽忽』即『勿勿』，字同，故義可互證矣。」張純一從蘇說，是也，然其說實本於高郵王氏。王引之校《大戴》曰：「盧以『勿勿』為『勉勉』，義本《禮器》、《祭義》注，非此所謂『勿勿』也。此言『勿勿』者，猶『忽忽』也〔註250〕。《晏子春秋・外篇》云云，忽忽、惙惙，皆憂也。《史記・梁孝王世家》亦曰：『意忽忽不樂。』〔註251〕『忽』與『勿』聲近而義同。上文曰『君子終身守此悒悒』（盧注：『悒悒，憂念也。』），又曰『君子終身守此憚憚』（盧注：『憚憚，憂惶也。』），下文曰『君子終身守此戰戰也。』悒悒、憚憚、勿勿、戰戰，皆憂懼之意。後《曾子・制言篇》曰：『君子無悒悒於貧，無勿勿於賤，無憚憚於不聞。』是其明證矣。」〔註252〕此即蘇說所本。「忽忽」又作「㥁㥁」，音轉作「崛崛」、「怵怵」，「怵怵」又與「惙惙」相轉〔註253〕。

（32）晏子曰：「君以為耳目而好繆事，則是君之耳目繆也。」（第14章）

按：蘇輿曰：「《治要》『繆』作『謀』，是。此緣下誤。」張純一從蘇說改。吳則虞曰：「指海本改作『謀』。」改「謀」非是，蘇氏所據《治要》乃天明刊本，日本鈔本《治要》引仍作「繆」。二「繆」字正相承。

（33）夫能自周於君者，才能皆非常也（第14章）

按：孫星衍曰：「杜預注《左傳》：『周，密也。』」蘇輿曰：「《治要》『周』作『用』。」吳則虞曰：「作『用』者是。下文『入則』、『出則』云云，皆自用之事。」指海本改「周」作「用」。「周」字不誤，猶言迎合也。下第22章「廢置不周於君前謂之專」〔註254〕，是其切證。《文子・微明》：「言雖無中於策，其計無益於國，而心周於君，合於仁義者，身必存。」

〔註250〕引者按：「忽忽」或作「勿勿」，參見郭在貽《六朝俗語詞雜釋》，收入《郭在貽文集》卷1，中華書局2002年版，第65～67頁。郭氏失檢王說。

〔註251〕引者按：「意忽忽不樂」亦見《史記・韓長孺列傳》、《後漢書・桓譚傳》。《漢書・史丹傳》「意忽忽不平」，亦同。

〔註252〕王引之《經義述聞》卷11，江蘇古籍出版社1985年版，第279頁。

〔註253〕參見蕭旭《〈說文〉疏證（二則）》，《中國文字》2019年冬季號（總第2期），第88～95頁。

〔註254〕俞樾謂「周」當作「由」，張純一謂「周」為「問」形誤，劉如瑛謂「周」為「聞」形誤，皆非是；王叔岷謂「周，信也」，亦非。

（34）先聖之治也，審見賓客，聽治不留（第 14 章）

　　按：王念孫曰：「元刻下有『日不足』三字，孫本無。按『審見賓客』二句皆四字為句，『日不足』句獨少一字，且語意未明，當依《治要》作『患日不足，聽治不留』。患日不足，言其敏且勤也。」《治要》卷 33 引作「聽治不留，患日不足」，王引誤倒，黃以周襲用王說，而未檢正。日本鈔本亦有「日不足」三字。留，耽擱、荒廢。

（35）景公與晏子立曲潢之上，望見齊國，問晏子曰（第 15 章）

　　按：《御覽》卷 71 引「望」上有「公」字，當據補。

（36）士不濫，官不謟（第 15 章）

　　按：吳則虞曰：「謟，當從《左傳》作『滔』，杜注：『慢也。』」謟，各本作「謟」，吳本誤耳。滔、謟，正、借字，亦作慆，猶言懈怠、怠慢。《玉篇》：「慆，慢也。」濫，《左傳·昭公二十六年》同，桂馥讀作艦〔註255〕，是也。《說文》：「艦，過差也。」

（37）君令臣忠，父慈子孝，兄愛弟敬，夫和妻柔，姑慈婦聽，禮之經也（第 15 章）

　　按：吳則虞曰：「《左傳》『臣忠』作『臣共』，又無『之經』二字，當據正。」吳說非是，《左傳》作「臣共（恭）」，《晏子》自作「臣忠」，不得據彼改此。《賈子·禮》：「君惠臣忠，父慈子孝，兄愛弟敬，夫和妻柔，姑慈婦聽，禮之至也。」蓋即本於《晏子》，此其確證。《管子·版法解》：「使君德臣忠，父慈子孝，兄愛弟敬，禮義章明。」亦是其確。《管子》「君德」，豬飼彥博曰：「『德』當作『惠』。」丁士涵曰：「『德』乃『惠』字誤，《形勢解》『惠忠愛孝』四字兩見。」〔註256〕《賈子》正作「惠」。「君惠臣忠」是古書成語。《大戴禮記·文王官人》：「父子之間觀其孝慈也，兄弟之間觀其和友也，君臣之間觀其忠惠也。」盧辯注：「父慈子孝，兄友弟和，君惠臣忠也。」「德」古字作「悳」，與「惠」形近。然不改字亦可。《家語·入官》「故德者，政之始也」，《大戴禮記·子張問入官》「德」作「惠」。《玉篇》：「德，惠也。」

〔註255〕桂馥《說文解字義證》，齊魯書社 1987 年版，第 1093 頁。
〔註256〕二說轉引自郭沫若等《管子集校》，科學出版社 1956 年版，第 1001 頁。

（38）父慈而教，子孝而箴（第15章）

按：《左傳・昭公二十六年》同，杜預注：「箴，諫也。」杜說非是。箴，讀作諴，和協。《說文》：「諴，和也。」字亦省作咸〔註257〕，《書・無逸》「用咸和萬民」，「咸和」即《堯典》「協和萬邦」之「協和」。《賈子・禮》作「父慈則教，子孝則協」，尤為確證。

（39）寡人得寄僻陋蠻夷之鄉（第17章）

按：吳則虞曰：「《說苑・奉使》『陋』作『處』。」宋本《說苑》「僻」下二字作空格，元刻本、四部叢刊影印明鈔本、四部備要本作「陋」不誤，漢魏叢書本、龍谿精舍叢書本、子書百家本、四庫本誤作「處」。吳氏所據乃誤本耳。得，讀作特，猶口語曰「只是」。

（40）此臣之所以仕也（第17章）

按：吳則虞曰：「『仕』作『任』。」吳說不晰，原其意，蓋謂《說苑・奉使》作「任」。宋本、元本、明鈔本、龍谿精舍叢書本、四部備要本《說苑》亦作「仕」，漢魏叢書本、子書百家本、四庫本誤作「任」。吳氏所據乃誤本耳。本篇第27章「臣為此仕者也」，文誼相同。

（41）王笑曰：「嗟乎！今日吾譏晏子，訾猶倮而高橛者也。」（第17章）

按：指海本據《說苑》乙「訾」於「高」上。孫星衍曰：「一本作『猶倮而訾高橛者』（《繹史》所引）。」方以智曰：「株橜，言高橛不動。《列子》曰：『吾處也，若橜株駒。』李熙曰：『橜，豎也。株駒，樹木也。』崔譔曰：『斷樹也。』《莊子》作『橛株枸』。《說苑》曰：『吳王曰：今日吾譏晏子也，猶倮而訾高橛者。』古人皆以好高拘執為橛株之目，猶今云『一橛頭禪』。《荀子》言周公『身如斷菑』，菑，立木，亦謂如橛也。」〔註258〕蘇時學曰：「『橛』當作『蹶』，《墨子》云『猶踤謂撅者不恭也』，意與此合。」俞樾曰：「按『訾』乃『訿』字之誤，『橛』乃『撅』字之誤。『高』讀為『咎』。《墨子・公孟篇》：『是猶果謂撅者不恭也。』此即倮而咎撅之義。倮為倮體，撅者，揭衣也。

〔註257〕例證參見《故訓匯纂》，商務印書館2003年版，第347頁。
〔註258〕方以智《通雅》卷4，收入《方以智全書》第1冊，上海古籍出版社1988年版，第189頁。

摫誠不恭，倮則更甚，故曰『譬猶倮而咎摫者也。』」黃以周從俞說。劉師培曰：「《說苑》作『猶倮而訾高摫者』，當據訂。《墨子·公孟篇》：『是猶〔果〕謂摫者不恭也。』〔註259〕果、裸，摫、橇，並古通，與此句例正同。」《廣雅》：「蹴，跳也。」王念孫曰：「《越語》云：『蹴而趨之，唯恐弗及。』《呂氏春秋·貴直篇》云：『狐援聞而蹴往過之。』皆謂跳也。《晏子春秋·外篇》云：『猶倮而訾高橇者也。』『橇』與『蹴』通。《曲禮》『足毋蹴』，鄭注云：『蹴，行遽貌。』義亦相近也。」〔註260〕沈欽韓校《左傳》曰：「惠云：《呂覽》曰（按《知化篇》）：『子胥高蹴。』高誘曰：『蹴，踊也。傳曰：魯人之高，使我高踊。瞋怒貌。』欽韓按：《晏子·雜（外）篇》吳王曰：『吾譏晏子，猶倮而訾高橇者。』即高踊也。」〔註261〕洪頤煊校《墨子》云：「『果』即『裸』字。摫，揭衣也。謂袒衣與揭衣，其露體不恭一也。《晏子春秋·外篇上》『吾譏晏子，猶訾倮而高摫者也』，其義與此同。」〔註262〕向宗魯校《說苑》云：「《晏子》云云俞氏《平議》云云。承周案：俞讀高為咎，亦誤。高摫，謂高揭其衣也。倮而訾毀高摫者，猶以百步笑五十步也。今本《晏子》『訾』字誤在『猶』字上，當以本書為正。」〔註263〕洪、向、劉說是也，左松超說同向氏〔註264〕。《墨子》「果」字，道藏本、明嘉靖本、四庫本作「倮」。蔡偉曰：「謂今本《晏子》『訾』誤在『猶』字上，則不可從。《晏子》之『訾』當讀為『此』。馬王堆漢墓帛書《老子》乙本『訾不善矣』，《老子》甲本及郭店楚簡《老子》甲作『此其不善已』，即其證，傳世本《老子》皆作『斯不善矣』。」〔註265〕蔡說非是，訾亦譏也。

（42）晏子對曰：「不仁而取名者，嬰未得聞之也。」（第18章）

〔註259〕劉氏引脫「果」字，吳則虞照錄，而不知補訂。

〔註260〕王念孫《廣雅疏證》，收入徐復主編《廣雅詁林》，江蘇古籍出版社 1992 年版，第 168 頁。

〔註261〕沈欽韓《春秋左氏傳補注》卷 12，收入《續修四庫全書》第 125 冊，上海古籍出版社 2002 年版，第 156 頁。「雜篇」是「外篇」誤記。所引惠說，見惠棟《春秋左傳補註》卷 6。

〔註262〕洪頤煊《孟子叢錄》，收入《讀書叢錄》卷 13，《續修四庫全書》第 1157 冊，第 677 頁。

〔註263〕向宗魯《說苑校證》，中華書局 1987 年版，第 304 頁。

〔註264〕左松超《說苑集證》，（臺灣）國立編譯館 2001 年版，第 779 頁。

〔註265〕蔡偉《誤字、衍文與用字習慣——出土簡帛古書與傳世古書校勘的幾個專題研究》，復旦大學 2015 年博士學位論文，第 122 頁。

按：未得，猶言未曾、未嘗〔註266〕。

（43）故三君之心非一也，而嬰之心非三心也（第19章）

按：王念孫曰：「按『非一也』本作『非一心也』，與『非三心也』對文，今本『一』下脫『心』字，《治要》有。」吳則虞曰：「指海本增『心』字。」《冊府元龜》卷734「一」下亦有「心」字。《孔叢子・詰墨》「一」下、「三」下皆無「心」字，亦可。

（44）當此之時，飢者過半矣，君迺反迎而賀。臣愚不能復治東阿，願乞骸骨，避賢者之路（第20章）

按：王念孫曰：「按『君迺反迎而賀臣』絕句，與上『君反以罪臣』對文。『臣』下當更有一『臣』字，屬下句讀，今本脫一『臣』字，則文義不明。《說苑》亦脫『臣』字。」張純一從王說補「臣」字。于鬯曰：「王念孫謂脫一『臣』字，殆未必然。《說苑・政理篇》亦無『臣』字，可證古書本有蒙文而省之例。」吳則虞曰：「于說是也。《元龜》引作『而更蒙賀』，雖節引，亦見宋人固自『賀』字截讀。」王說是，《御覽》卷268引《說苑》作「君反迎而賀臣，臣願乞骸骨」，雖節引，正重「臣」字。

（45）再拜，便僻（第20章）

按：蘇時學曰：「『僻』當為『避』。」蘇輿曰：「《拾補》作『辟』，注云：『「僻」訛。』」黃以周曰：「『僻』字譌，當作『辟』。」張純一從盧說改作「辟」，云：「辟讀為避，謂將避去。」劉如瑛曰：「僻，義為『避』。便僻，隨即避席之意。」宋咸淳本、元刻本、明鈔本《說苑》亦作「便僻」，漢魏叢書本、龍谿精舍叢書本、子書百家本、四庫本《說苑》作「便辟」。諸說誤，「便辟（僻）」是「般辟」音轉，同義連文，盤旋曲折之義，狀拜揖者之足盤曲。四庫本《晏子》改「便僻」作「稽首」，蓋未達其誼而妄改〔註267〕。

（46）默然不對，恐君之惶也（第21章）

按：孫星衍曰：「惶，《淮南》作『欺』，《說文》：『惶，恐也。』」王念孫曰：「按此『惶』字與『惑』同義，言恐君為子之所惑也，『惶』、『惑』語之

〔註266〕參見蕭旭《古書虛詞旁釋》，廣陵書社2007年版，第198頁。
〔註267〕參見蕭旭《「便辟」正詁》，《中國文字研究》第27輯，上海書店2018年5月出版，第135～139頁。

轉，字亦作『遑』。《淮南・道應篇》作『恐公之欺也』，『欺』與『惑』義亦相近。」張純一從王說。惶，讀作誑。《說文》：「誑，欺也。」字亦作迂，《詩・揚之水》：「無信人之言，人實迂女。」毛傳：「迂，誑也。」

（47）晏子相景公，其論人也，見賢而進之，不同君所欲；見不善則廢之，不辟君所愛（第 22 章）

按：蘇時學曰：「辟讀如避，謂不避權貴也。」張純一曰：「辟讀若避。《晉語八》『趙武子事君，不援而進，不阿而退』，義略同。」《治要》卷 33 引「辟」作「避」，鈔本《治要》「廢」作「癈」。《玉篇》：「癈，退也。」與「進」對文。《晉語》與此文無涉，此文「進」、「廢」指賢與不賢言，《晉語》「進」、「退」指趙武子自己。

（48）專易之行者，則君臣之道廢矣（第 22 章）

按：者，各本作「存」。

（49）儐者諫曰（第 23 章）

按：吳則虞曰：「《書鈔》『儐者』作『左右』，與《說苑》同。」《書鈔》卷 32 引作「左右陳曰」，《說苑・臣術》作「左右諫曰」。「陳」即「諫」形訛。

（50）御德修禮，無有荒怠（第 24 章）

按：張純一曰：「御，進也。」「御」疑「布」字之誤。《玉燭寶典》卷 6 引《尚書考靈曜》：「利以布大德脩禮義，不可以行武事。」《開元占經》卷 38 引《尚書緯》同。《文選・永明十一年策秀才文》：「納款通和，布德脩禮。」

（51）景公賜晏子狐之白裘，元豹之茈（第 25 章）

按：孫星衍曰：「未詳。『茈』為染草，疑毛之有紫色者。」盧文弨曰：「『之白』疑倒。」于鬯云：「『茈』蓋本作『芷』，『芷』者，『紕』之借字也。《爾雅》：『紕，飾也。』《廣雅》云：『紕，緣也。』謂狐白之裘以元豹之皮為緣飾也。緣飾即在裘上，實止言一裘耳。」章太炎曰：「『茈』借為『皆』。《釋器》：『衣皆謂之襟。』」劉師培曰：「『茈』疑同『皆』。《爾雅》云：『衣皆謂之襟。』《淮南・齊俗訓》云：『隅皆之制。』此言狐白之裘以豹皮斜飾其襟皆，猶《禮記・玉藻》所謂『裼』也。」張純一曰：「『茈』疑『冠』之形誤。」「元」是「玄」避諱字，明活字本、日本鈔本作「玄」，張純一已回

改。四庫本作「玄」而缺末筆。于鬯說「芘」當作「芘」是也，但所釋則誤。《內篇諫下》「玄冠芘武」，洪頤煊曰：「《玉藻》『縞冠素紕』，鄭注：『紕，既祥之冠也。』『芘』當作『芘』，與『紕』字通用。」蘇輿從其說。二「芘」皆「芘」形誤。此文之芘，讀為皮。《韓子‧喻老》：「翟人有獻豐狐、玄豹之皮於晉文公。」《說苑‧政理》：「晉文公時翟人有封（豐）狐、文豹之皮者。」

（52）嬰聞之，蓋顧人而後衣食者，不以貪昧為非；蓋顧人而後行者，不以邪僻為累（第26章）

按：劉師培曰：「『昧』與『冒』同。《左傳‧文十八年》云：『貪於飲食，冒於貨賄。』」王淑玫從其說。陶鴻慶曰：「元文當云：『蓋顧人而後食者，以貪昧為非[註268]；顧人而後行者，以邪僻為累。』」陶說是，劉說誤。昧，各本都作「味」。僻，顧氏重刊本、明活字本、日本鈔本作「辟」。顧，讀作雇。

（53）景公奢，晏子事之以恭儉（第27章）

按：奢，《孔叢子‧詰墨》作「侈」。「侈」與「奢（奓）」一聲之轉。

（54）救民之姓而不夸，行補三君而不有（第27章）

按：黃以周曰：「『姓』與『生』古通。」張純一曰：「不有，不自有其功也。」「有」疑當作「伐」。《內篇問下》：「省行而不伐，讓利而不夸。」《荀子‧子道》：「奮於言者華，奮於行者伐。」《韓詩外傳》卷3：「夫慎於言者不譁，慎於行者不伐。」華、譁讀為夸。

《外篇》第八校補

（1）好樂緩于民，不可使親治（第1章）

按：孫星衍曰：「今本『緩』作『綏』，非。《鹽鐵論》作『繁于樂而舒于民』，因『舒』知為『緩』字。《墨子》作『而淫人』。」張純一從孫說改作「緩」。錢熙祚曰：「『緩』上似脫『而』字。」吳則虞曰：「元刻本、吳勉學本、子彙本作『綏』，凌本作『緩』。」浙刻本作「緩」，顧氏重刊本、明活字本、四庫本、日本鈔本作「綏」。《鹽鐵論》見《論誹篇》，《墨子》見《非儒下》。孫說非是，「綏」字不誤，安舒也。劉師培引《廣雅》「綏，舒也」，是也。《爾雅》：

[註268] 吳則虞引「味」誤作「昧」。

「綏，安也。」字亦作娞，《慧琳音義》卷34引《爾雅》作「娞」。本字為夊，《說文》：「夊，行遲曳夊夊。」即行遲安舒義。銀雀山漢簡作「好樂而（殘五字）親治」，劉春生曰：「今本作『緩』或作『綏』者，誤。」〔註269〕非是。

（2）立命而建事，不可〔使〕守職（第1章）

按：孫星衍曰：「《墨子》作『怠事』，是〔註270〕。言恃命而怠于事也。『建』或『逮』訛，『逮』亦為『怠』假音與？」張純一從孫說改作「怠」。孫詒讓曰：「孫說未塙。『建』與『券』聲近字通〔註271〕，建事，謂厭倦於事也。」吳則虞曰：「《詰墨》作『怠事』。」孫星衍說是，孫詒讓說誤。《內篇問下》「盡力守職不怠」，字正作「怠」。本字作懛，音轉又作怠〔註272〕。銀雀山漢簡本作「立令而殆〔事〕」，「殆」亦借字。

（3）行之難者在內，而傳（儒）者無其外（第1章）

按：黃以周曰：「無，讀為嫵。《說文》：『嫵，媚也。』」張純一從黃說。于鬯曰：「此『無』字正規模字也。」劉師培曰：「『無』與『膴』同。膴，猶華也。」陳霞村曰：「此『無』亦『先』之誤。『先』表率先、崇尚、注重。」〔註273〕諸說均誤。無，讀為敄，俗作務。言儒者務其外表也。《列子‧黃帝》：「列禦寇為伯昏无人射。」《御覽》卷745引「无」作「瞀」，《莊子‧田子方》「无」作「無」。《列子‧黃帝》：「列子之齊，中道而反，遇伯昏瞀人。」《莊子‧列禦寇》同。《莊子‧德充符》：「申徒嘉，兀者也，而與鄭子產同師於伯昏無人。」《御覽》卷709引「無」作「瞀」。方以智曰：「『無』通為『瞀』，蓋一聲之轉也……無人即瞀人。」又曰：「牟光即務光，伯昏無人即瞀人，蓋古務、牟、無、模通聲。」〔註274〕《集韻》：「蝥，或作蟊。」此皆其證。

〔註269〕 劉春生《簡本〈晏子春秋〉校補》，《文史》第36輯，中華書局1992年版，第6頁。

〔註270〕 吳則虞「是」字誤屬下句。

〔註271〕 吳則虞引「券」誤作「券」。

〔註272〕 參見王念孫《廣雅疏證》，收入徐復主編《廣雅詁林》，江蘇古籍出版社1992年版，第134頁。

〔註273〕 陳霞村《〈晏子春秋集釋〉管見》，《古籍整理研究學刊》1990年第3期，第34頁。

〔註274〕 方以智《通雅》卷1、20，收入《方以智全書》第1冊，上海古籍出版社1988年版，第95～96、687頁。

（4）故異于服，勉于容，不可以道（導）眾而馴百姓（第1章）

按：孫星衍曰：「《墨子》作『機服勉容』。」孫詒讓曰：「機，危也。危服蓋猶言危冠。勉，『俛』之假字，言其冠高而容俛也。」〔註275〕于省吾曰：「機應讀作異。」張純一曰：「異其服制，勉飾外容。」吳則虞曰：「異于服者，如《儒行》所謂『衣逢掖之衣，冠章甫之冠』也。亦即《荀子·儒效》『逢衣淺帶，解果其冠』也。解果，即高冠，亦即所謂危冠也。勉于容，即《儒行》所謂『坐起恭敬』。」吳毓江曰：「機、偉音近。偉，奇也，異也。」〔註276〕勉于容，孫詒讓說是，即《禮記·儒行》所謂「粥粥若無能也，其容貌有如此者」，言其恭敬也。異于服者，吳說是，「異」即「奇異」之異。于省吾讀機作異，亦是。《說苑·建本》「異日」，阜陽漢簡《春秋事語》「異」作「幾」。《真誥》卷15「稻米粒幾大，味如菱」，上文「幾」作「異」。「幾」、「奇」亦是一聲之轉。《墨子》作「機服」，即「奇服」、「異服」，亦即《內篇諫下》「今君之服，駔（魋）華不可已導眾民」所云駔（魋）華之服也。

（5）今孔丘盛聲樂以侈世（第1章）

按：孫星衍曰：「《墨子》作『盛容修飾以蠱世』。」銀雀山漢簡本作「今孔丘盛為容飾以蠱世」，與《墨子》合。《墨子》「修」是衍文。蠱，惑也。侈，讀作訑，欺也。字亦作他、訑、詑、訑、謝、誃。侈世，猶言大言欺世。

（6）繁登降之禮，趨翔之節以觀眾（第1章）

按：孫星衍曰：「觀眾，《墨子》作『勸眾』。」《墨子》道藏本、四部叢刊影印明嘉靖本、四庫本作「觀眾」，孫氏所據乃誤本。

（7）兼壽不能殫其教（第1章）

按：孫星衍曰：「《墨子》作『絫壽不能盡其學』。」吳則虞曰：「《史記》作『累世不能殫其學』。」吳氏所引《史記》出《孔子世家》，《太史公自序》作「累世不能通其學」，《漢書·司馬遷傳》同。銀雀山漢簡本作「纍儺（壽）不能亶（殫）其教」。「絫」同「累」。「教」古作「斅」，「學」是其省，此當作「教」。

〔註275〕吳則虞引孫詒讓說誤作孫星衍轉引。
〔註276〕吳毓江《墨子校注》卷9，中華書局1993年版，第458頁。

（8）當年不能究其禮（第 1 章）

按：孫星衍曰：「究，《墨子》作『行』。」蘇輿曰：「《爾雅》云：『丁，當也。』丁、當一聲之轉。此云『當年』者，丁年也；丁年者，壯年也。《呂氏春秋・愛類篇》、《淮南・齊俗篇》、《管子・揆度篇》、《輕重丁篇》、《輕重戊篇》云云。」蘇說全襲自王念孫說〔註277〕。《史記・孔子世家》、《太史公自序》、《漢書・司馬遷傳》同此，《抱朴子外篇・省煩》引《墨子》亦作「究」，銀雀山漢簡本作「行」。「究」字義長，究亦殫也，盡也。

（9）積財不能贍其樂（第 1 章）

按：《墨子・非儒下》同，銀雀山漢簡本作「積材不能譫（贍）其樂」。《淮南子・俶真篇》：「積財不足以贍其費。」

（10）其道也，不可以示世；其教也，不可以導民（第 1 章）

按：《墨子・非儒下》作「其道不可以期世，其學不可以導眾」，《孔叢子・詰墨》作「其道不可以治國，其學不可以導家（眾）」，銀雀山漢簡本作「其道不可以視（示）世，其教不可以道眾」。孫星衍曰：「今本脫『其道』字、『世』字，據《墨子》增。」〔註278〕吳則虞曰：「教，《墨子》作『學』。作『學』者是，蓋『斆』、『教』形近而訛。」俞樾校《墨子》云：「此文『期』字亦『示』字之誤。古文『其』字作『亓』，見《集韻》。『示』誤為『亓』，因誤為『期』矣。」孫詒讓、吳毓江、駢宇騫從俞說〔註279〕。蔣禮鴻謂「期」亦作「綦」，表率勸誘之義〔註280〕，非是。

（11）于是厚其禮而留其〔封〕，敬見不問其道（第 1 章）

按：俞樾曰：「按『敬』字當作『苟』。『苟』與『亟』通，『苟見』猶云亟見。」〔註281〕王淑玫從其說，非是。《墨子・非儒下》同此。《史記・孔子世家》：「後景公敬見孔子，不問其禮。」銀雀山漢簡亦作「敬」，當讀如字。敬

〔註277〕王說轉引自王引之《經義述聞》卷 26，江蘇古籍出版社 1985，第 628 頁。
〔註278〕吳則虞引孫星衍說斷句誤，徑正。
〔註279〕俞樾《諸子平議》卷 10，上海書店 1988 年版，第 198 頁。孫詒讓《墨子閒詁》卷 9，中華書局 2001 年版，第 301 頁。吳毓江《墨子校注》卷 9，中華書局 1993 年版，第 459 頁。
〔註280〕蔣禮鴻《〈墨子閒詁〉述略》，《浙江學報》第 1 卷第 1 期，1947 年版，第 19～20 頁；又收入《懷任齋文集》，上海古籍出版社 1986 年版，第 144～145 頁。
〔註281〕吳則虞引「苟」誤作「苟」。

見，言相見而尊重之。

（12）嬰聞之，有幸見愛，無幸見惡，誹謗為類，聲響相應（第4章）

　　按：黃以周曰：「誹謗，元刻作『誹譽』。」張純一曰：「『譽』從元刻，孫本作『謗』，非。」張說是，顧氏重刊本、明活字本、四庫本、指海本、日本鈔本都作「誹譽」，浙刻本亦誤作「誹謗」。

（13）嬰聞之，君子獨立不慚於影，獨寢不慚於魂（第4章）

　　按：《文選·恨賦》李善注引下句。曹植《玄暢賦》「不媿景而慚魄」，李白《上安州李長史書》「晝愧於影，夜慙於魄」，其語本此。《劉子·慎獨》：「獨立不慚影，獨寢不愧衾。」《毛詩集解》卷34引黃氏曰：「其行無媿於影，其寐無媿於衾。」宋·杜範《蔡元定傳》：「獨行不愧影，獨寢不愧衾。」《說郛》卷26引佚名《東園友聞》：「獨行不愧影，獨寢不畏衾。」作「衾」蓋臆改。

（14）孔子拔樹削跡，不自以為辱（第4章）

　　按：《史記·孔子世家》：「孔子去曹適宋，與弟子習禮大樹下，宋司馬桓魋欲殺孔子，拔其樹。」《說苑·尊賢》：「吾臣之削迹拔樹以從我者，奚益於吾亡哉？」《風俗通義·窮通》：「夫子逐於魯，削跡於衛，拔樹於宋。」拔，讀為伐。《風俗通》之文，《莊子·天運》、《山木》、《讓王》、《漁父》凡四見，都作本字「伐」；《呂氏春秋·慎人》、《列子·楊朱》、《家語·困誓》、《孔叢子·詰墨》、《論衡·儒增》、《論衡·自紀》同，《呂氏》一本作「拔」。

（15）仲尼相魯，景公患之，謂晏子曰：「鄰國有聖人，敵國之憂也。今孔子相魯若何？」（第6章）

　　按：吳則虞曰：「《詰墨》無『鄰』、『敵』字。當據《詰墨篇》『若何』上補『為之』二字。」《書鈔》卷49引《晏子》正有「為之」二字，《永樂大典》卷2973引已脫。《孔叢子·詰墨》作「鄰有聖人，國之憂也」，脫上「國」字、「敵」二字，吳氏失記。「鄰國有聖人，敵國之憂也」二語亦見《韓子·十過》、《韓詩外傳》卷9、《史記·秦本紀》、《說苑·反質》。

（16）君不如陰重孔子，設以相齊（第6章）

　　按：孫星衍曰：「《孔叢》『設』作『欲』。」蘇時學曰：「『設』疑當作『許』。」

張純一曰：「設者，虛假之詞。」徐仁甫曰：「『設』謂假設。孫、蘇說非。」劉如瑛曰：「設，應許之意。《漢書·趙充國傳》：『設以子女貂裘。』顏師古注：『設，謂開許之也。』」劉說是。《永樂大典》卷 2973 引同今本。蔣禮鴻亦曰：「開許之云，正與『設以相齊』義同矣。」〔註282〕《玉篇殘卷》引賈逵曰：「設，許也。」《新序·節士》：「單于使貴人故漢人衛律說武，武不從，乃設以貴爵重祿尊位，終不聽。」義亦同。

（17）孔子彊諫而不聽，必驕魯而有齊，君勿納也（第6章）

按：孫星衍曰：「有齊，《孔叢》作『適齊』，疑『有』當為『適』。」盧文弨曰：「有，猶恃也。」蘇時學曰：「『驕』、『有』二字疑誤，當云『去魯而適齊』。」于鬯曰：「驕，蓋讀為『撟拂』之撟。晏子之意以為孔子必且撟拂魯而適齊矣。『有』字《孔叢子·詰墨篇》正作『適』。孫星衍《音義》云云，是也。或謂『撟拂』之本字實『驕』字，存參。」「撟拂」之本字乃「矯」，「撟」亦借字。矯，違背也。「有」字不當改。有，讀作趖，《說文》：「趖，走也。」字亦作迶，《玉篇》：「迶，行。」下文「居期年，孔子去魯之齊，景公不納」，與此文相應，「之」字是其誼。

（18）晏子對曰：「臣願有君而可輔，有妻而可去，有子而可怒。」（第8章）

按：蘇時學曰：「案妻至於去，子至於怒，似無可願，『可』之云者，極言其順乎我也。」張純一曰：「去，藏也。去，或當訓離訓棄。怒，猶責也。」「怒」訓責，是也，餘說皆誤。「去」是「怯（迲）」省文，《說文》：「迲，多畏也。怯，杜林說，迲從心。」有妻而可怯，今俗言怕老婆，晏子戲謔之言耳。

（19）衝之，果毀（第9章）

按：孫星衍曰：「衝，讀如撞。《初學記》作『撞』。」張純一曰：「《御覽》卷 575 引作『撞，果毀』。」吳則虞曰：「《御覽》『毀』下有『之』字。」王叔岷曰：「《記纂淵海》卷 78 引『衝』作『撞』。」《樂書》卷 133、《錦繡萬花谷》後集卷 32 引亦作「撞」，又《御覽》引此文「毀」下無「之」字，上文「鐘將毀」下有「之」字，吳氏誤記（張純一不誤）。

〔註282〕蔣禮鴻《義府續貂》，收入《蔣禮鴻集》卷 2，浙江教育出版社 2001 年版，第167～168 頁。蔣禮鴻《商君書錐指》說同，中華書局 1986 年版，第 128 頁。

（20）田無宇譏之曰：「出於室為何者也？」（第10章）

按：《廣雅》：「譏，問也。」

（21）有工女託于晏子之家焉者（第11章）

按：吳則虞曰：「《史記·李斯傳》《索隱》、《文選》卷39注、《御覽》卷426引皆作『二女』。」《御覽》引仍作「工女」，吳氏誤記。

（22）若使沐浴，寡人將使抱背（第12章）

按：俞正燮曰：「晏子載此事，不知何意。」〔註283〕劉師培曰：「上『使』字疑衍。」劉如瑛曰：「抱，讀為撫或拊，『抱背』當為輕拍、按摩背部之意。今人沐浴後亦有捶背之術，蓋古之遺。」「若使」是假設之辭〔註284〕，也作「如使」。劉如瑛說近之，可備一通。疑「抱」讀為掊、捊。《說文》：「掊，把也。」又「刮，掊把也。」又「搔，捪（刮）也。」〔註285〕《史記·孝武本紀》《索隱》引作「掊，抱也」，《六書故》「掊」字條引唐本《說文》作「掊，捊也」。《玄應音義》卷2：「手掊：《說文》作『捊』。『捊』或作『抱』，同。《通俗文》作『掊』，手把曰掊。」又卷12、15、16、19並引《通俗文》：「手把曰掊。」「把」俗作「爬」，「刮」俗作「刮」。是「掊」有刮摩、搔爬義。抱背，猶今言搔背、擦背、搓背。

（23）昔者秦繆公乘龍舟而理天下（第13章）

按：于省吾曰：「理、里字通，劉師培謂《事類賦注》及《御覽》引『理』作『治』。按：作『治』者非是。《詩·信南山》『我疆我理』，傳：『理，分地理也。』《穆天子傳》『庚辰，天子大朝于宗周之廟，乃里西土之數』，注：『里謂計其道里也。《紀年》曰：「穆王西征，還里天下，億有九萬里。」』按今本《紀年》『里』作『履』，借字耳。『計其道里』與『理』義亦相因，『還里天下』與此文『里天下』之義正符。」吳則虞曰：「《事類賦注》卷16『理』作『治』。」于省吾說「理」不當作「治」，是也，但所解則誤。《楚辭·天問》

〔註283〕俞正燮《癸巳賸稿》，收入《續修四庫全書》第1160冊，上海古籍出版社2002年版，第397頁。

〔註284〕參見陳霞村《〈晏子春秋集釋〉管見》，《古籍整理研究學刊》1990年第3期，第26頁。

〔註285〕《玄應音義》卷12、《慧琳音義》卷65、74、84引「搔」作「刮」，《玄應音義》卷16引作「括」。

「環理天下」，聞一多曰：「理，讀為履，字一作里。《穆天子傳》卷 4『乃里
西土之數』，注：『里謂計其道里也。』注并引《竹書紀年》云：『穆王西征，
還里天下，億有九萬里。』今本《竹書紀年》作『履』。《晏子》云云。按環
理猶周行也。」〔註286〕聞說是。

（24）以黃布裹烝棗（第 13 章）

按：吳則虞曰：「《類聚》及《御覽》兩引作『黃帝布』。」《類聚》卷 85 引
作「黃帝布」，《類聚》卷 87、《御覽》卷 820、965 引同今本，吳氏失檢（張純
一不誤）。「帝」字衍文，《文選·新刻漏銘》李善注、《事類賦注》卷 26 引亦
無。又各書引「烝」作「蒸」。

（25）至東海而捐其布，破黃布，故水赤；烝棗，故華而不實（第 13
章）

按：孫星衍曰：「捐，《類聚》作『投』。今本『破』作『彼』，據《文選》
注、《類聚》訂正。」俞樾曰：「按孫刻據《文選》注、《類聚》改『彼』為『破』，
其實非也。彼黃布者，言彼其所捐之布，乃黃布也，若作『破』字，則『破
黃布』三字文不成義矣。」黃以周曰：「捐，《文選·新刻漏銘》注作『採』。
破，元刻作『彼』。」劉師培曰：「《御覽》卷 820 引『彼』作『於波』，『於波』
二字屬上『淬黃布』為句，此『黃布』與下『蒸棗』對文，誼較長。」吳則
虞曰：「捐，《御覽》卷 820 作『淬』，卷 965、《事類賦注》卷 16、《合璧事
類》、《事文類聚》俱作『投』。《事類賦注》引無『東』字。《御覽》卷 965、
《事類賦注》引無『破黃布』三字。」孫氏失校，或所據《類聚》是誤本。
《事類賦注》見卷 26，吳氏誤記。《文選·新刻漏銘》李善注引作「至海而
採其布破黃布，故水赤」，《類聚》卷 85 引作「至海而投其棗布，故水赤」，
《類聚》卷 87、《御覽》卷 965、《記纂淵海》卷 92 引作「至海而投其布，故
水赤」，《御覽》卷 820 引作「至海而淬其布於波黃布，故水赤」，《事類賦注》
卷 26 引作「而投其布，故水赤」。俞樾說是，《御覽》卷 820 所引不足據。
《選》注作「破」，是「彼」之誤字（張純一已指出孫氏誤改）。各書引「捐」
作「投」或「採」者，以意改耳。《廣雅》：「投、羧，擿也。」又「擿，投也。」
《集韻》：「羧、採、羧、羧：一曰擿也，或從手、從戈、從殳。」「擿」同「擲」。

〔註286〕聞一多《天問疏證》，收入《聞一多全集》卷 5，湖北人民出版社 1994 年版，
第 611～612 頁。

黃侃說「投」、「殳」、「殺」、「椓」四字同〔註287〕，今吳語猶謂投擊、投擲為殺（殺）〔註288〕。「投」、「殺」一聲之轉。

（26）〔鵬〕足游浮雲，背凌蒼天，尾偃天閒，躍啄北海（第 14 章）

按：王念孫曰：「案『足游浮雲』上，原有『鵬』字。《御覽·羽族部十四》『鵬』下引此作『鵬足游浮雲』云云，則有『鵬』字明矣。」張純一曰：「《說文》：『偃，仆也。啄，鳥食也。』」徐復曰：「偃，謂偃仰，義同俯仰。啄，借為咮，鳥嘴，非鳥食義。躍啄，疑當作『曜啄』，『曜』同『耀』，謂照耀，鵬咮有光采也。」足游浮雲，《御覽》卷 927、《記纂淵海》卷 97 引作「鵬浮遊雲」。啄，讀作趠，字亦作逴、踔，是「跳」、「超」音轉，俗作踱。《集韻》：「踱，跳也。」又「踱，走也。」躍啄，即「躍趠」，疊韻連語，亦作「躍踔」，元·揭傒斯《故叔父常軒五府君哀辭》：「犁牛仰空躍踔而長鳴兮。」倒言則作「趠趫」，是「跳躍」、「跳躍」轉語。《說文》：「趫，趠趫也。」《廣韻》：「趫，趠趫，行皃。」《集韻》：「趫，《說文》『趠趫也』，謂疾走。」又作「逴逾」，《玉篇》：「逾，逴也。」又作「逴躒」、「卓躒」、「卓礫」、「卓鑠」、「逴犖」、「卓犖」，《集韻》：「躒、礫：逴躒，超絕也，或從石，通作犖。」《文選·西都賦》：「逴躒諸夏，兼其所有。」李善注：「逴躒，猶超絕也。」六臣本作「卓犖」，《後漢書·班固傳》作「逴犖」。《文選·薦禰衡表》：「淑質貞亮，英才卓躒。」《初學記》卷 20、《類聚》卷 53 引作「卓犖」。李善注引《西都賦》作「卓躒」，《魏都賦》注引同。《初學記》卷 19 蔡邕《青衣賦》：「都冶嫵媚，卓躒多姿。」《類聚》卷 35 引作「卓礫」。《雲笈七籤》卷 96《清虛真人歌》：「凝神挺相遇，雲姿卓鑠整。」又作「踔躍」，南宋·李石《葛仙井銘》：「故能玩息古今，踔躍天地。」

（27）頸尾咳於天地乎（第 14 章）

按：孫星衍曰：「『咳』與『閡』通。」張純一曰：「咳，《御覽》引作『該』。」吳則虞校同。劉如瑛曰：「咳，通『該』，兼包之意。」王淑玫曰：「本當作『晐』，字誤也。《說文》：『晐，兼晐也。』」《記纂淵海》卷 97 引亦作「該」。該、咳，讀作晐，不必以為誤字。《玉篇殘卷》、《慧苑音義》並引《廣雅》：

〔註287〕黃侃《說文同文》，收入《說文箋識》，中華書局 2006 年版，第 19、38、84 頁。

〔註288〕參見許寶華、宮田一郎《漢語方言大詞典》，中華書局 1999 年版，第 5978 頁。

「該，包也。」《玉篇殘卷》指出「該，今以為兼備之『晐』字」。

（28）東海有蟲，巢于蠹睫（第14章）

按：孫星衍曰：「蟲，今本作『蠹』，據《文選》注、《類聚》改。蠹，《文選》注作『蚊』，俗字。」吳則虞曰：「《御覽》卷951引『巢』作『生』。」孫說是也，顧氏重刊本、浙刻本作「蟲」，《文選·鷦鷯賦》李善注、《七命》李善注、《御覽》卷945、951引同。又《文選》注二引及《類聚》卷97、《御覽》卷945、951引「蠹」都作「蚊」。《類聚》、《文選》注（凡二引）、《御覽》卷945都作「巢」，同今本。《列子·湯問》：「江浦之間生麼蟲，其名曰焦螟，群飛而集於蚊睫，弗相觸也。棲宿去來，蚊弗覺也。」《慧琳音義》卷99引「集」作「巢」，又卷86引《莊子》同〔註289〕。

（29）國人以為有亂，皆摽長兵而立於衢閭（第15章）

按：孫星衍曰：「『摽』當為『標』。」張純一從上文改「摽」作「操」。摽，讀為抱，持也。《初學記》卷12引《漢官〔儀〕》：「出則參乘佩璽抱劍。」〔註290〕

（30）下車而趨，知不若車之邀（第16章）

按：孫星衍曰：「邀，《文選》注作『駛』，《御覽》作『速』。」張純一曰：「《說苑》、《治要》並作『速』。『駛』《廣韻》、《玉篇》並云『疾也』。」《文選·齊故安陸昭王碑文》李善注引作「駛」，孫氏形誤作「駃」，吳則虞照錄，而不知檢正（張純一已正）。《文選·褚淵碑文》李善注引亦作「駛」〔註291〕。胡克家曰：「陳云『駛，駃』誤』，是也。各本皆譌。《齊故安陸昭王碑文》亦譌『駃』。」〔註292〕胡說誤，馬行疾為駃。字本作趹，《說文》：「趹，馬行貌。」《玉篇殘卷》「縄」字條引《淮南子》「縄履趹步」，又引許叔重注：「趹，疾也。」字亦作趫，《廣雅》：「趫，疾也。」蔣斧印本《唐韻殘卷》：「趫，馬

〔註289〕《莊子》無其文，當是《列子》。
〔註290〕《書鈔》卷58、《文選·恩倖傳論》李善注、《御覽》卷219引同，《文選·齊故安陸昭王碑文》李善注引「抱」形誤作「把」。
〔註291〕據北宋刻遞修本、宋淳熙八年池陽郡齋刻本，四部叢刊影印宋刊六臣注本誤作「狹」。
〔註292〕胡克家《文選考異》卷10，《文選》（胡刻本）附錄，中華書局1977年版，第978頁。

行疾皃。」P.2011 王仁昫《刊謬補缺切韻》：「赽，疾行，〔亦作〕趹。」馬疾行曰駃（赽、趀、趹），鳥疾飛曰狹（翔），水流快曰決，風疾曰颮，其義一也。

（31）寡人猶且淫泆而不收（第 16 章）

按：王叔岷曰：「泆，《治要》引『泆』作『逸』，古字通用。」《說苑・君道》作「佚」〔註293〕。「泆」是正字。

（32）涕沾襟（第 17 章）

按：孫星衍曰：「《御覽》作『洟』。《爾雅》：『衣眥謂之襟。』」孫氏有誤記，張純一已訂作：「《御覽》卷 549 作『洟下沾衿』。」「衿」同「襟」，皆俗字，《說文》作「袊」。

（33）公射，出質，堂上唱善，若出一口（第 18 章）

按：孫星衍曰：「質，射質也。」〔註294〕吳則虞曰：「公射出質，《御覽》卷 935 引作『射質堂上』。」《治要》卷 33 引同今本，《說苑・君道》亦同。銀雀山漢簡殘存「公射，出質，堂上昌（唱）」七字。《御覽》卷 935 引作「景公射質，堂上唱善者一口」，《事類賦》卷 29 同，脫二「出」字，「若」誤作「者」。

（34）以魚五十乘賜弦章（第 18 章）

按：吳則虞曰：「《事類賦》作『公曰：善。賜魚五十乘』，《諸子瓊林》作『乃以魚五十車賜之』。」《事類賦》卷 29 引作「公曰：善。賜弦章魚五十乘」，《御覽》卷 935 引同，吳氏脫「弦章」二字。《意林》卷 1 引作「以魚五十車賜弦章」，《御覽》卷 426 引「景公以五十乘魚賜弦章」，《說苑・君道》作「公以五十乘賜」。

（35）昔者晏子辭黨以正君，故過失不掩之（第 18 章）

按：蘇時學曰：「案『辭黨』，謂不立黨。」蘇輿曰：「《拾補》『黨』作『賞』，旁注『黨』字。作『賞』是，『黨』乃誤文。」王淑玫曰：「《說苑・君道》用《晏子》此文，『黨』正作『賞』字，可為塙證。」蘇輿、王淑玫說是，《御覽》卷 426 引正作「賞」，又無「之」字，《資治通鑑外紀》卷 9 同。

〔註293〕據宋本、元本、明鈔本，子書百家本、四庫本亦作「泆」。
〔註294〕吳則虞引誤點作「射，質也」。

（36）今諸臣諛以干利（第 18 章）

按：《御覽》卷 426 引「諛」上有「謟」字，《說苑‧君道》同。「謟」乃「謟」形訛。《資治通鑑外紀》卷 9 正作「謟」。孫本、浙刻本脫「謟」字，指海本、張純一本不脫。下文「順謟諛之欲」，即承此而言。

《晏子春秋》佚文校補

《晏子春秋》佚文，劉師培輯錄，吳則虞、王叔岷補輯〔註 295〕。

（1）余家素貧，晝則苦於作勞，夜則甘於疲寢，三時之際，書皆生塵

按：劉師培曰：「此條《御覽》卷 37 引《晏子春秋》，然不類晏子語。」《御覽》卷 27 引晉皇甫謐《玄晏春秋》：「余家貧，晝則慇於作勞，夜則甘於寢寐，以三時之務，卷帙生塵，篋不解緘，唯季冬末纔得一旬學爾。」又卷 614 引《玄晏春秋》略同，《說郛》卷 59 亦作《玄晏春秋》。《晉書‧皇甫謐傳》：「謐所著詩賦誄頌論難甚多，又撰《帝王世紀》、《年歷》、《高士》、《逸士》、《列女》等傳、《玄晏春秋》並重於世。」《隋書‧經籍志》：「《玄晏春秋》三卷，皇甫謐撰。」則《御覽》卷 37 引作《晏子春秋》，誤也。

（2）為代于足脩為市死者又脩為也。

按：劉師培曰：「此為原本《書鈔》卷 45 所引，今本無此文。《書鈔》所引亦倪（挩）訛不可曉。」《書鈔》卷 45「市」上「為」作「當」，劉氏誤錄，吳則虞照鈔，而不知檢正。《淮南子‧說山篇》：「拘囹圄者以日為脩，當死市者以日為短。」此《書鈔》所本，當非《晏子》佚文。

（3）君之所以尊者令，令不行，是無君也，故明君慎令

按：劉師培曰：「此條《御覽》卷 638 引《晏子》；《書鈔》卷 45、《類聚》卷 54 均引為《申子》。」宋本《御覽》卷 638 引作《安子》，又無「所」字。「安子」疑是「文子」形誤，《御覽》下條引《文子》，涉下而誤其出處。嘉慶仿宋刻本、四庫本、美國國會圖書館藏本《御覽》改「安子」作「晏子」，都是妄改。

〔註 295〕 劉師培《晏子春秋逸文輯補》，收入《劉申叔遺書》，江蘇古籍出版社 1997 年版，第 860 頁。吳則虞《晏子春秋佚文》，收入《晏子春秋集釋（增訂本）》附錄，國家圖書館出版社 2011 年版，第 407～409 頁。王叔岷《晏子春秋斠證》坿記，收入《諸子斠證》，中華書局 2007 年版，第 101 頁。

（4）夫爵益高者意益下，官益大者心益小，祿益厚者施益博

按：劉師培曰：「此為《類聚》卷23所引，蒙上條所引『晏子曰居必擇鄰』三句，標『又曰』二字，《御覽》卷459直為晏子，末有『也』字。然此乃楚相孫叔敖語，見《韓詩外傳》卷7、《荀子・堯問篇》、《淮南・道應訓》。」「又曰」當是「文子」之誤，此文出《文子・符言》，《御覽》卷483引作《文子》。下引「又曰」二條亦出《文子》。

（5）人之將疾，必先不甘粱肉之味；國之將亡，必先惡忠臣之語

按：劉師培曰：「此為《類聚》卷23所引，蒙上所引『晏子曰居必擇鄰』，標『又曰』二字，《御覽》卷459同，今此語亦見《文子・微明篇》。」吳則虞曰：「《記纂淵海》卷66引同，惟『忠臣』作『忠直』。」《類聚》卷23「粱」誤作「梁」。此文出《文子》。

（6）其文好者身必剝，其角美者身見煞。甘泉必竭，直木必伐

按：劉師培曰：「此為《類聚》卷23所引，亦蒙上條所引『晏子曰居必擇鄰』，標『又曰』二字，《御覽》卷459改標《文子》。今此語見《文子・符言篇》，或《類聚》誤引。」此文出《文子》，《白氏六帖事類集》卷29引「角美者身必死」亦標《文子》。

（7）齊侯送晏子於雪宮。

按：劉師培曰：「此為《元和郡縣圖志・河南道六・臨淄縣》所引，其文云：『雪宮，在縣東北六里，《晏子春秋》所謂『齊侯送晏子於雪宮』也。今本書無此文，竊疑《圖志》所引即《孟子・梁惠王下》齊宣王見孟子事，因彼章亦述晏子語，遂誤識其文屬之本書，當訂正。」《元和郡縣圖志》卷11「送」作「見」，劉氏誤錄，吳則虞照鈔，而不知檢正。「見晏子」當作「見孟子」，《太平寰宇記》卷18正作「齊王見孟子于雪宮」。

（8）師曠識爨薪，易牙別淄、澠

按：王叔岷曰：「《記纂淵海》卷61引《晏子春秋》云：『師曠識爨薪，易牙別淄、澠。』亦不見今本，姑記之以存疑。」宋本《記纂淵海》見卷34，當是誤記出處，王氏失考。《初學記》卷26、《類聚》卷87、《御覽》卷860、968、《事類賦注》卷26、《說郛》卷59引作皇甫謐《玄晏春秋》，惟「爨薪」作「勞

薪」〔註296〕。《隋書·王劭傳》《請變火表》:「昔師曠食飯,云是勞薪所爨,晉平公使視之,果然車輞。」《禮記·中庸》孔疏引《異義》:「張華辨鮓,師曠別薪。」〔註297〕

本文於 2019 年 2 月 12 日完稿。

〔註296〕《類聚》據宋本,四庫本「師曠」誤作「苟勗」,蓋據《世說新語·術解》苟勗事而妄改。
〔註297〕所引《異義》非許慎《五經異義》。